노무현의 시작

노무현의 시작

초판 1쇄 인쇄 2015년 5월 14일
초판 1쇄 발행 2015년 5월 20일

엮은이 사람사는세상 노무현재단

펴낸이 이상순
주간 서인찬
편집장 박윤주
제작이사 이상광
기획편집 주리아, 김설아, 서한솔
디자인 유영준, 김혜림
마케팅 홍보 이병구
경영지원 박순주

펴낸곳 (주)도서출판 아름다운사람들
주소 (413-756) 경기도 파주시 회동길 103
대표전화 (031) 955-1001 **팩스** (031) 955-1083
이메일 books777@naver.com
홈페이지 www.books114.net

생각의길은 (주)도서출판 아름다운사람들의 인문 브랜드입니다.

ISBN 978-89-6513-354-4 (03300)

| 노무현재단 첫 구술기록집 |

1978년부터 1987년까지

노무현의 시작

영화 〈변호인〉으로 많이 알려졌듯이 노무현은 1981년 9월 부림사건 변론을 맡으며 인생의 전환기를 맞았다. 1978년 5월 부산에서 변호사 사무실을 개업한 지 3년을 넘긴 때였다. 노무현 자서전 《운명이다》의 1부 '출세' 마지막 쪽엔 이런 대목이 나온다.

내 운명을 바꾸었던 '그 사건'을 만나고 나서야, 나는 판사로 변호사로 사는 동안 애써 억눌러 왔던 내면의 소리를 진지하게 듣게 되었다.(71쪽)

잘나가던 세속의 변호사는 이를 계기로 세상을 달리 보기 시작하면서 인권변호사로, 민주화운동의 야전사령관으로 변모해갔다.

《운명이다》 2부 '꿈'에서는 부림사건을 시작으로 1988년 4월 13대 국회의원에 출마하기 전까지의 시기를 열아홉 쪽에 걸쳐 기술하고 있다. 다음은 그중 한 대목이다.

내 인생에서 가장 뜨거웠던 열정의 시기를 맞았다. 나는 막 학생 운동에 뛰어든 청년처럼 민주화투쟁에 몰입했다.(85쪽)

당연한 말이지만, 한국 현대사는 물론 노무현의 일생에서도 중요한 변곡점으로 자리 잡고 있는 '가장 뜨거웠던 열정의 시기'의 공적·사적 면모와 사건을 열아홉 쪽이라는 분량에 다 기록할 수는 없는 일이다. 거기에는 몇 개의 문장으로 다 담지 못한 혹은 문단과 문단 사이의 건너뛸 수밖에 없는 많은 일이 있었다.

이 책은 바로 그 시기, 1981년 부림사건 변론 전후부터 1987년 6월항쟁을 관통하기까지 '변호인 노무현'의 면모와 궤적을 관계자들의 구술(口述)로 담았다. 1978년 변호사 개업에서 시작하여, 만 32세에서 41세가 되는 동안 노무현이라는 사람이 왜 그런 선택을 했는지, 그리고 어떻게 그 길을 걸었는지 몇 줄의 기술이 아닌 좀 더 풍부한 구술을 통해 조명하고자 했다.

이를 위해 구술자들을 '변호사 사무실에서' '민주화투쟁 현장에서' '노동 현장에서'의 세 지점으로 분류했다. 언급되는 사례가 겹치기도 하지만 중심적인 부분은 각각의 지점에 기대어 있다. 예컨대 1

장 '변호사 사무실에서' 구술 가운데 부림사건 변론 전후 노무현의 변모 과정, 이후 사무실에서는 점점 얼굴 보기 힘들어지던 상황이 2장 '민주화투쟁 현장에서'를 통해 더욱 상세히 거론된다. 1장과 2장에 모두 등장하는 노동법률상담소를 중심으로 한 활동은 3장 '노동 현장에서' 구술의 중심이 된다.

해당 시기를 함께하거나 처음 인연을 맺었던 이 구술자들의 기억과 증언은 원본 텍스트로써 자서전 또는 생전에 노무현이 남긴 말과 글에 풍성함과 생동감을 더해주고 있다. 구술기록이 가지는 미덕이기도 할 것이다.

개인의 기억과 체험을 바탕으로 하는 만큼 그들의 구술에는 더러 불명확한 부분이나 엇갈리는 대목 또한 없지 않다. 그럼에도 각자의 관계에서 풀어내는 그들의 이야기는, 무엇보다 우리가 아는 내용이건 몰랐던 내용이건 노무현을 새롭게 만나는 기회를 제공한다. 알고 있던 내용을 또 다른 측면에서 확인할 수 있으며 그동안 알지 못한 내용도 함께 접할 수 있다는 점에서 그렇다.

통상 구술 면담은 노무현과 첫 만남에서 시작해 이후 시절을 함께하거나 지켜봤던 이야기 등을 거쳐 서거까지 이어진다. 이번에 소개하는 구술자들도 마찬가지였다. 그 가운데 1978년 전후부터 1987년까지 해당 시기의 구술을 발췌·정리한 것이다. 의미 전달에 무리가 없는 선에서 가능한 이들의 구술을 충실히 담고자 했으며, 더러 구술자의 개인적인 사안이라도 노무현의 면모를 보여주는 것이라면 본문에 포함시켰다. 흔쾌히 출판을 허락해주신 구술자들에게 감사드린다.

이 책을 계기로 노무현의 주요 시기와 사건에 관한 구술 모음집을 지속적으로 펴내려고 한다. 한 사람의 삶은 많은 관계의 집합이기도, 어떤 가치를 쌓아 나가는 과정이기도 할 것이다. 당연히 거기에는 많은 이야기가 자리 잡고 있을 것이다. 구술집을 통해 앞으로도 우리가 아는 노무현 그리고 또 다른 노무현을 확인하고, 그래서 많은 사람이 노무현을 새롭게 만날 수 있기를 기대한다. 이를 통해 시간이 흘러도 잊지 않고 기억하도록, 또 이야기하고 되짚을 수 있도록 돕는 게 '기록'의 소명이자 '노무현사료편찬사업'의 의의라 믿는다.

2015년 5월
사람사는세상 노무현재단 노무현사료연구센터

차례

들어가며   5

I   변호사 사무실에서

장원덕 "이마에 주름살 세 개면, 이제 죽는 기라"   15

최병두 "유치장에서 주무시고 있더랍니다"   35

송병곤 두 번의 제안, "병곤아, 이 일 한번 해볼까?"   52

II   민주화투쟁 현장에서

고호석 부림사건, 한 사람이 변화한다는 것   75

이호철 직접 운전하며 유인물 뿌리던 '야전사령관'   104

전점석 사회과학도서 한 권 안 읽은 변호사에서 투사로   126

III 노동 현장에서

이재영 "그때 노동법 공부 다 했다 그럽디다"   153

문성현·이혜자 서울대 상대 나온 노동자와 전태일을 만나다   170

장상훈 거제로 간 노무현, 대우조선, 첫 구속   189

조준식·이형로·김석동 "사람을 잘 만났구나,   207

　　　　　　　　　　　　진짜로 진짜를 만났구나"

내가 걸어온 길   233

1978~1987 노무현 주요 연보   249

I

변호사 사무실에서

장원덕 | 최병두 | 송병곤

노무현 변호사 사무실은 1978년 5월에 문을 연 뒤 문재인이 합류하면서 1982년 9월에 노무현·문재인 합동법률사무소로 전환했다. 사무실에 노동법률상담소를 새로 만든 것은 1984년 9월이었다. 1986년은 변호사 사무실 운영에서 중요한 시점이었다. 노무현은 첫 선거에 출마하며 직접 쓴 〈내가 걸어온 길〉에서 '1986년 9월 이후부터는 변호사로서 일상 업무인 사건 수임을 일체 중단하고 오로지 민주화운동에만 전념했다'고 썼다. 이후 변호사로서 업무를 도맡은 문재인은 1995년에 법무법인 부산을 설립한다. 노무현·문재인 합동법률사무소가 전신인 셈이다.

1장 '변호사 사무실에서'는 변호사 사무실 직원으로서 해당 시기에 노무현을 겪었던 사람들의 구술을 모았다. 장원덕은 변호사 사무실 개소와 함께 1978년 6월부터 일했고, 최병두는 문재인이 변호사로 합류하기 직전인 1982년 8월에, 송병곤은 1984년 4월에 각각 입사했다. 최병두는 노무현이 첫 선거에 당선된 이듬해인 1989년 2월까지 재직했다. 송병곤은 법무법인 부산에서 현재까지 근무하고 있으며, 장원덕은 2014년 6월에 퇴사했다.

"이마에 주름살 세 개면, 이제 죽는 기라"

구술자 장원덕은

1948년 생. 서른한 살이 되던 해인 1978년 6월, 지인의 소개로 노무현 변호사 사무실을 찾았다. 부산 서구 부민동 주택가에 위치한 4층 건물의 2층이었다. 서른셋의 노무현이 소탈한 모습으로 그를 맞았다. 그렇게 처음 만나 사무실 직원이 됐다. 덕분에 1977년 9월부터 이듬해 4월까지 대전에서 판사로 재직하다 5월에 개업한 노무현의 변호사 초기 시절을 누구보다 가까이에서 지켜봤다.

1982년 문재인이 사무실에 합류하면서 '당신이 문 변호사를 맡아 하나에서 열까지 성심성의껏 뒷바라지해라'라고 했다는 노무현의 말 때문인지, 1995년 법무법인 부산으로 법인 체제가 정착된 후에도 사무국장을 맡아 2014년까지 36년간 자리를 지켰다.

● 장원덕의 구술 속 '노변'은 부드러움과 불같은 성질을 동시에 가진 입체적이고 생생한 인물로 그려진다. 법원 직원과 함께 먹은 매운탕값을 월급에서 제하는가 하면, 슬그머니 구술자의 '생돈'을 메워준다. 변호사 가운데 누구보다 먼저 등기 업무를 시작할 만큼 앞을 멀리 내다보고 셈이 빨랐지만, 불의와 마주했을 때는 생업을 뒤로할 만큼 물불 가리지 않고 운동에 뛰어들었다.

법원 담당자에게 재판 서류 처리 때마다 1,000원씩 '집행료'를 넣어주던 관행을 따르는 자신을 질책하고, 재판정에서는 분에 못 이겨 재판 기록을 내던지고 뛰쳐나오는 초기 변호사 시절의 면모와 노무현이 출근 시간을 당겨 직원들을 대상으로 직접 법률 강의를 하게 된 계기, 등기 업무를 맡은 사연, 문재인의 첫 출근 날 풍경 등이 그의 구술에 담겨 있다.

장원덕의 구술은 2011년 7월 21일 법무법인 부산 사무실 인근에서 진행된 1차와 2012년 8월 23일 법무법인 부산 회의실에서 가진 2차 면담 내용을 발췌·정리한 것이다.

변호사 사무실 개업 초기부터 함께하셨는데요, 그 당시 얘기부터 해주시죠.

장원덕 노 변호사께서도 판사 재직 8개월 만에 변호사로 개업을 하셨으니 생각이 남들과는 좀 다르셨겠지요. 그때 부산에 변호사라고 해봤자 80~90명 안쪽이고 그랬던 땐데 업무에 있어서는 나름대로 원리 원칙을 강조했어요. 당시는 우리가 소송제기 소장을 제출할 때 모든 법원에 서류를 내면서 관례적으로 1,000원을 내게 되어 있었어요. 적부심사라든지 공소장을 복사한다든지 보석 신청을 한다든지, 이럴 때는 서류 뒷장에 1,000원을 넣어야 됩니다. 그게 관행이었습니다. 경리한테 돈을 받아가지고 하루에 보통 다 합해서 1만 원이나 1만5,000원 넣습니다. 그러면 다음 날 변호사가 전날 수입과 지출 전표를 직접 결재해요. 그런데 전표 지출 내역을 보니까 소장 접수에 1,000원, 공탁국에 1,000원, 형사공소장에 1,000원, 이렇게 나간 거지. 그때 사무실이 넓지 않고 변호사실 사이에 커튼만 딱 쳐 놨는데, 노 변호사는 사람이 워낙 부지런해서 저를 부르지 않고 직접 제 자리로 와요. 제 자리에 전표를 가지고 와서 '뭔데 1,000원씩 넣었어요?' 하고 물어요. '접수할 때마다 1,000원씩 넣어야 접수시켜 줍니다' 그러니까, 화를 번쩍 내시면서 '변호사가 서류를 가져다 법률적으로 작성해서 내는데, 일단 접수하고 하자가 있으면 정정하라고 요구할 것이지 왜 1,000원을 가져다 먼저 넣어줘야 되느냐' 그러는 거죠. '관례적으로 그런 것 같습니다' 하니까 '여기까지는 내가 인정해줍니다. 하지만 다음부터 이런 것은 인정하지 않습니다'라고 그래. 아, 그때부터 저는 고민이 되는 거죠. 1,000원을 넣어줌으로써 부드럽게 돌아가는데 그렇게 안 하면 자꾸 티끌을 잡아요. 이것저것 다시 고쳐 와라 하는 식으로 허점을 잡아요. 괴롭고 번거롭죠. 내가 수월하기 위해서 내 돈, 생돈 가지고 1,000원씩 넣는 거예요. 그때 우리 사무실은 노 변호사님이 상고 출신이다 보니까 본인이 1,000 원이든 5,000원이든 수금 전표를 만들었어요. 그러니까 내가 1,000 원 필요하면 1,000원, 인지대가 5,000원 같으면 5,000원, 그걸 주면 자기가 딱 보고 경리 올리면 그냥 다 넘어가요. 그런데 유독시리 법원, 검찰청에 1,000원, 2,000원 썼다 하면 불러가지고 '정당하게 서류를 작성했는데 왜 줘야 하느냐, 이건 올리지 마세요'라더라고. 부딪치라 이거지. 근데 개업 초창긴데 그럴 수 있나. 그때는 변호사 사무실에서 법원 직원들한테 굽신굽신하고, 변호사도 판사한테 굽신굽신하던 시절이었거든요. 그런데 노 변호사는 무조건 당당하게 해라, 그렇게 명을 내리지만 나로서는 그게 힘들죠. 반면에 노 변호사는 또 재판 과정에서 판사하고 검사하고 수시로 싸움을 합니다. 그렇게 하니까 '저럴 때는 당당하게 하는가 보다'라고 생각은 하지만, 그 시절에는 상상도 하지 못할 언행이란 말이에요. 그리고 부딪치다 보면 우리는 되게 밉보이는 거죠. 그래가지고 저도 노 변호사 마음을 한 번 더 떠보기 위해서 언젠가 법원 직원하고 밥을 한 번 먹었어요. 우리 재판이 맨 마지막에 끝났다는 명목으로요. 그때는 실컷 먹어도 8,000원밖에 안 나옵니다. 그걸 전표 올렸어요, 과연 저 의지가 꺾이나 안 꺾이나 본 거죠. 그랬더니만 '이거 뭐예요?' '아, 법원 직원하고 형사사건 때문에 만나가지고 매운탕 한 그릇 했습니다' '몇 명입니까?' [보신 대로] 세 명 아입니까' 그러니까 '당신 돈으로 내라'고, 경리보고 '장 부장 봉급에서 공제하라'고 그러는 거예요. [웃음] 그런 뜻을 알기 때문에 이젠 그걸 따라야 되는 거야. 한 6개월 되니까 저도 내 생돈 안 내기 위해서 싸움하는 거예요. 그래가지고 싸움을 많이 했거든. 힘들죠, 제 입장에서는. 형사사건을 맡으면 변론 준비 때문에 수사 기록을 복사해야 하는데, 지금은 복사하지만 그때는 수사계에 복사기가 없었습니다. 복사기가 없어가지고 손으로 써야 됩니다. 공판부에 가서 경찰, 검찰 피의자 신문조서 수사 기록을 일일이 베껴 써야 한단 말이죠. 공소장 하나 베끼려면 내가 나이를 속여야지. 무조건 '형님, 형님' 하면서 공소장 하나 빼 달라고 그래. 그러면 1,000원을 안 주니까 안 해주는 거예요. 그럼 거기서 버티고 있는 거야. '왜 안 가노?' 하고 물으면 '공소장 안 가지고 가면 저 짤립니다'라고. 이렇게 한 시간 정도 앉아 있으면 공소장 사본을 내주는 거죠. 노 변호사의 철학을 따르기 위해서는 그래야 하는 거라. 그래도 힘들 수밖에 없잖아요. 그런데 한 달 뒤에 노 변호사가 살살 불러요. 그리고 별도로 3만 원을 살짝 줘요. 힘든 일이라는 걸 아는 거지. 그러니까 생돈 쓰지 말라고 나중에는 저한테 3만 원, 4만 원씩 살짝 줬지요.

전반적으로 변호사 업무를 어떻게 하셨는지요?

장원덕　　그 시절에는 변호사가 아주 유명한 사건이 아니면 준비서면이나 증거 신청 같은 건 다 밑에 내려버렸어요. 그런데 유독 노 변호사는 아랫사람들한테 일을 안 시켰어요. 아주 간단한 거 말고는 자기가 밤샘을 해서라도 직접 다 해요. 그 사건을 자기가 알고 들어가야 된다, 이런 취지죠. 자기 일처럼 생각한 사람이에요. 그때 사모님 말씀을 들어보면 기록을 보따리로 싸 와가지고 항상 밤샘하듯이 하고 그랬다고 해요. 일에 열중하면 끝장을 보는 사람이다 보니 잠 안 자고 변론 준비를 하는 거죠.

변호사 초기에는 사건이 그렇게 많지 않았을 것 같은데요.

장원덕　그때는 안 많았죠. 대전에서 판사를 하다가 나왔으니까 부산에서는 별로 알아주지도 않고, 또 고등학교도 상고 출신이다 이래 가지고 사람들이 찾아오지도 않고. 더군다나 그 시절에는 변호사 사무실에 교도소 그만둔 사람, 경찰서 그만둔 사람, 세무서 그만둔 사람, 법원이나 검찰 그만둔 사람을 사건 유치를 위해서 앉혀놓기도 했단 말입니다. 그 사람들이 옛날 직장에서 사건을 보내줘요. 그럼 변호사 사무실에서 20퍼센트씩 리베이트를 주는 거예요. 그런데 우리는 아무 연줄도 없고 리베이트도 주지 않으니까 사건이 올 리가 만무하죠. 경제적으로 좀 어려웠죠. 그러나 노 변호사가 워낙 활동적이니까 재판이 없는 날이면 은행에 있는 선후배들을 찾아다니면

변호사 사무실에서 재판 자료를 보고 있는 노무현.
변호사 개업 이듬해인 1979년에 촬영한 사진이다.

서 사건 좀 달라고 하고 다녔어요. 거기서 사건이 오는 거죠. 그렇게 어려워도 그분은 사무실 사무원이나 부장, 사무장들 봉급을 다른 사무실에 비해서 많이 줬어요. 대우를 해줬죠. 그때 봉급이라고 해봐야 한 20만 원씩밖에 안 될 땐데 우리는 주사 25만 원씩, 부장급은 한 30만 원씩 살도록 해주고 점심값도 꼭 주고 그랬습니다. 쉬운 일이 아니었어요. 존경스럽지요. 그런데 점점 어렵다 보니까 이제 안 되겠다 싶어서 '이제 점심은 각자 해결합시다' 이래서 줄였어요. 그분은 닭고기를 좋아해요. 삼계탕이 그때 2,000원인가 2,500원 할 때 자주 사주고 그랬는데, 그것만 줄여도 한 15만 원, 20만 원 된다 아닙니까.

등기 업무를 맡으면서 사정이 나아진 건가요?

장원덕   소송으로 돈 벌은 건 사실 없습니다. 그래서 그 어려운 시절에 등기를 하자, 변호사도 등기를 할 수 있다 해서 시작을 했는데 사실 상상도 못 하지. 그땐 전국적으로 등기하는 변호사가 없었습니다. 품위가 떨어지잖아요. 근데 노 변호사가 등기 업무를 한다고 하니 그때부터 사법서사들이 술렁거렸던 거지. 변호사가 그 일을 해봤자 몇 개월 가는지 두고 보자 하고 있었는데 노 변호사는 어떤 생각을 했냐, 그때는 각 은행 직원이 상고 출신들 아닙니까. 대부분 다 대리, 부장, 지점장으로 가 있단 말입니다. 그 사람들 찾아가서 '형님, 내 등기합니다. 일감 좀 주십시오' 이러면, '변호사가 무슨 등기냐? 정말 등기할 서류가 있어서 부르면 올 수 있냐?' '담당 직원들 다 뽑아놨습니다' 한 거야. 그래서 당시 부산 시내에 부산상고 출신들 있는 은행에는 우리가 다 등기를 했어요. 그러다 보니까 눈을 착 뜨게 된 것이 아파트 등기를 하면 돈을 더 벌겠다, 이런 생각을 하시더라고. 그때 부산 시내 아파트 붐이 일어날까 말까 한 시절에 시내 아파트를 도배하다시피 다 찾아다니고 그랬어요. 그러다 보니까 법무사, 사법서사 사람들이 '큰일 났다, 이러다 굶어 죽겠다' 해가지고 대법원에 진정도 했는데 막을 길이 없잖아요. 변호사가 등기 못 한다는 규정이 없거든. 그래서 길이 없으니까 사법서사 회장단에서 대법원장을 찾아간 거예요. 대법원에 가가지고 '노 변호사라는 이상한 변호사가 우리 사법서사가 할 수 있는 등기를 다 빼앗아가서 우리 다 굶어 죽겠습니다' 이렇게 하소연을 하니까 대법원 예규를 바꾼 겁니다. 등기서류를 접수할 때는 사무원이 아니고 본직, 우리 경우에는 변호사가 등기서류를 들고 직접 접수를 해야 된다, 이렇게 예규를 바꾼 거예요. 그래서 이제 노 변호사가 100퍼센트 손든다 생각했겠지. '변호사가 등기 보따리 들고 사무원 데리고 설마 등기 접수하러 오겠나, 재판도 안 하고' 이런 생각을 했겠지. 우리도 등기 이제 안 하시겠구나 했는데, 노 변호사는 '내가 각 등기소 뛴다' 이래버리는 거라. 그렇게 나를 데리고 등기소를 도는 거야. 7~8개월을 그렇게 해도 끄떡

없는 기라. 그러다 어느 날 나한테 '오늘 저녁에 밥 한번 먹으러 갈까' 해서 갔더니, 탁 하는 말이 '장 부장, 내가 왜 등기를 시작한 줄 압니까?' '돈 벌려고 했겠지요' '내가 고등학교 졸업했다 아닙니까? 그것도 부산상고. 인문계가 아니고 상고 출신이 돼가지고 고시 걸려가지고 변호사부터 하다 보니까 인문계 출신 선배가 아무도 없지 않습니까. 그래서 내가 등기 일을 했습니다' 그래. '그거하고 무슨 관계가 있습니까?' 이러니까 '아, 머리 안 돌아가네' 하면서, 등기를 하게 되면 집문서 등기필증 앞에 보면 '변호사 노무현' 딱 고무명판 도장 하나가 크게 찍히니까, 만일 아파트 1,000동을 맡아서 등기필증 나가면 1,000명이 내 당사자가 되고, 1만 명 같으면 1만 명이 내 당사자가 된다. 나중에 법률문제가 생기면 등기필증을 보고 '여기 변호사 한번 찾아가 볼까' 하지 않겠냐, 저는 그때서야 놀랐죠. 등으로 땀이 쫙 흐를 만큼 놀랐다니까. 와, 우찌 저런 생각을 했나 싶어서. 그러고 나서 사법서사들이랑 협의하고 등기부 해체하고 그러고 나니까 노 변호사 말마따나 그 당사자가 서서히, 끝없이 오더라니까요. '어떻게 오셨습니까' 하면 등기필증에 변호사 찍혀 있는 거 보고 찾아왔다는 거예요. 딱 맞아떨어졌지 않습니까? 그런 정도로 고집도 세고, 앞을 내다보고.

1982년부터는 부산YMCA에서 시민중계실 법률상담도 하셨는데요.

장원덕   원래 변호사가 나오면 점잖고 법률적인데 이 사람은 법률 상담을 하면서 막 농담도 하고 아주 억센 경상도 사투리를 써가면서 재밌게 해서 히트 쳤어요.° 그러다 보니까 알려져서 또 많이 찾아왔어요. 예를 들어 이혼사건이 나온다면 '남편이 그렇게 많이 때리면 안 되지요. 부엌에 가서 설거지하고 밥하는 사람 그렇게 때리면 되겠어요? 이 방송 듣고 있는 남자들, 좀 반성하세요. 안 그렇습니까? 사모님, 아줌마들 그렇지요?' 이런 식으로 한 거죠. 그러니까 택시 기사들도 많이 들었지요. 그래서 많이 찾아왔어요.

노 변호사가 직원들 대상으로 아침에 강의도 하셨다면서요?°°

장원덕   당시 7시 반인가 8시까지 출근하게 된 계기가 있었어요. 어느 날 소송을 의뢰한 사람이 노 변호사에게 전화를 한 거야. 사무

° 노무현은 1981년 1월부터 이듬해 6월까지 〈부산일보〉에 법률상담을 연재한다. 부산YMCA 시민중계실 법률상담을 시작한 것은 1982년 3월이다. 구술자는 YMCA 시민중계실 활동과 라디오 출연을 혼동한 것으로 보인다. 언급된 라디오 상담은 이 두 활동과 연계하여 비슷한 시기에 이루어진 것으로, 전점석의 구술에서도 관련 내용을 확인할 수 있다.
°° 1948년 생인 구술자는 이 시기를 서른여섯 살 무렵으로 기억한다. 구술자의 기억에 따르면 노무현이 직원 대상 강의를 시작했던 때는 1983년으로 추정된다. 이는 1982년 입사해 1년이 지나 노 변호사가 강의를 시작했다는 최병두의 구술 내용과도 일치한다.

실에 채권 가압류*를 맡겼는데 일주일이 돼도 아무 결정이 없다면서. 공탁금**을 가져가면 그다음 날 결정이 나는데 말이 없다는 거지. 노 변호사가 나를 탁 부르더라고. '무슨 사건에 가압류한 적 있나? 공탁 결정 났나? 공탁 결정 났는데 왜 공탁을 안 했나' 하고 묻길래 '담당자가 공탁할 보증금을 안 가져오니 안 했지요' 이러니까 '의뢰 당사자한테 전화 오기를, 돈을 가져다줬다는데 왜 그래?' '저는 못 받았는데요' '이 사건 누구 담당이요?' '○○○ 담당입니다' 했지. 노 변호사가 바로 담당자한테 가지고 '공탁금 받아 어쨌어요?' 그러니까 그 직원이 머뭇거리는 거야. 그래가지고 되게 뭐라 그러더라고. 그날 노 변호사가 그 직원하고 나까지 집에 데려가서 사정을 따져 물었어요. 내가 보니까 이마에 주름살이 세 개 생겼는 기라. 주름살 몇 개 되면 내가 알거든. 주름살 하나에 따라 내가 그 사람을 읽거든요. 주름살 세 개면, 이거는 이제 죽는 기라. 결국 사정이란 게, 그 직원이 개인적으로 써버리고 제대로 말을 안 한 거예요. 사모님이 옆에서 '여보, 고만하세요. 아무리 그래도 그렇지, 왜 그렇게 직원들을 못살게 굽니까' 하고 말리고 해서 겨우 밥을 먹는데, 밥을 먹으니까 나한테 '밥이 넘어가요?' 또 이러는 거야. 그래가지고 먹는 둥 마는 둥 하고 다음 날 아침에 우선 사무실 돈으로 바로 공탁했지요. 다

---

* 금전채권이나 금전으로 환산할 수 있는 채권에 대해 채권자가 장래에 행할 강제집행을 보전하기 위하여 현재 채무자의 재산 중 채권을 일시 묶어두어 처분하지 못하도록 하는 것을 말한다.
** 채권자가 정당한 이유 없이 채권 수령을 거부할 경우, 채무자가 법원에 걸어놓는 해당 금액을 말한다.

하고 나서 점심시간 되니까 방에 부르더라고요. '채권 가압류 알아요? 채권 압류 및 전부명령***을 알아요?' 그러더라고요. 설명해보래서 아는 대로 얘기하니까 '그걸 알면서 왜 보고를 안 했냐, 우리 가압류보다 다른 채권자 채권압류 전부명령이 먼저 들어가서 돈 다 뺏기면 우리 사무실 간판 내릴 일 있나, 알면서 왜 그랬냐' 그러면서 '민법총칙 몇 번 읽었어요?' 하고 묻는 거야. 그래 한 번 정도라니까 '앞으로 열 번 읽어라' 이거야. 열 번 읽고 나서 독후감을 쓰라고. 내가 우찌 열 번을 읽나, 고등고시 시험 치는 것도 아니고. 아무리 그래도 내가 두 번 읽고 속이면 된다 생각했지. 그 뒤로 시간만 나면 앉아보래. 물어보는 걸 내가 답을 못 하잖아. 그러니까 '안 읽어봤네' 하면서 '내일부터 8시 출근' 그렇게 나온 거예요. 8시에 출근해가지고 한 시간 동안 강의를 받아야 된다는 거야. '우리 변호사 사무실에서는 실력이 없으면 아무것도 안 된다, 내 앞에선 실력이 있어야 된다'면서 '급사든 주사든 모든 사람이 실력을 키워야 당당할 수 있다' 이렇게 된 거지. 그로부터 그게 시행돼서 공부를 시킨 거지. 그리고 나서부터는 뭐, 소송 들어오면 소장하고 준비서면하고 작성해가지고 오라고 시켜요. 이거는 뭐, 곱게 가는 게 없어. '이게 어찌 공부한 거요' 이러면서 문장이 매끄러울 때까지 열 번이고 스무 번이고 쓰게 하는 기라. 그래서 지금도 내가 문장을 쓰면요, 정말 잘 씁니다. [웃음] 어찌

*** 채무자가 제3자에 대해 가지고 있는 채권을 압류하여 지불로 바꾼 다음, 채권자에게 이전하게 하는 집행 법원의 명령을 의미한다.

보면 그것이 오늘의 내 실력을 키운 거예요.

재판 과정에서도 기억에 남는 면모가 있으신가요?

장원덕　　노 변호사님이 평소 때는 굉장히 부드러워요. 수시로 사무과로 찾아와서 직원들하고 격의 없이 대화하고 소통하는 걸 좋아했습니다. 아주 부처님같이 부드러운데 뭔가 상식에 어긋나면 '아니잖소' 하는 식으로 갑자기 그 불같은 성격이 그대로 튀어나와 가지고. 실제 그 시절엔 변호사가 어디 판사한테 고개도 못 들 땐데 너무 당당하니까 마, 밉보일 정도라고. 노 변호사님 재판하러 갈 때 저도 변론 청취한다고 같이 가고 그랬거든요. 한번은 폭행사건에서 정당방위로 무죄 주장을 하는데, 판사가 피고인보고 '여기 앞에, 부모 나와 있어요?' 이러는 기라. '네, 나왔습니다' 하니까 '부모님 일어나 보세요' 이래. 딱 일어나니까 '변호사 살 돈이 있으면 피해자하고 합의를 보지' 이래버리는 거야. 이게 벌써 유죄판결이 난 거란 말입니다. 그 순간에 노 변호사가 기록, 자기가 준비한 형사 기록을 법정 바닥에 던지면서 '어떻게 판사가 그럴 수 있습니까' 하고 나와 버린 거예요. 그 성질 있잖아요. 딱 나가더라고요. 그러고서 사무실로 바로 안 가고 변호사회관으로 가셨어요. 변호사협회, 변호사들 모인 단체. 가 가지고 마, 변호사한테 울분을 토한 거야. '선배님, 들어보십쇼. 내가 이래 이래 무죄 주장을 하고 있는데 변호사 살 돈 있으면 합의를 보라는 건, 이건 판결 난 거 아닙니까?' 이랬더니 다들 '아, 그래도 변호사 할라면 참아야지' 그래. '노 변호사가 잘했다' 하는 변호사가 한 명도 없으니까 또 휙 나가 버리는 거라. 그러고 있는데 한 시간쯤 되니까, 변호사협회 고참 변호사가 그 판사하고 동기인가 봐. 추측컨대 전화를 한 것 같아. '변호사협회에서 이사회를 열어서 뭔가 할 것 같다, 사과해라' 이랬겠지. 그런데 판사 본인이 안 오고 법정에 입회시킨 계장을 보낸 기라. (재판장에 던지고 나온) 기록을 들고 왔더라고. 노변호사님이 처음에는 정중하게 '아, 오셨어요?' '저, 기록을 가져왔는데요'라니까 딱 하는 말이 '왜 당신이 기록을 가져오는데요?' '판사님께서 죄송하게 생각한다고 하는데요' '됐어요, 판사가 직접 와서 사과하라 하세요, 내가 이의 제기할 거예요. 이의 제기해가지고 문제 삼을 거예요. 가시오' 그랬더니 계장이 돌아간 거예요. 판사한테 그대로 이야기했겠지. 그러니까 다음에 형사과장이 오는 거야. '당신은 뭔데? 왜 왔어요?' '제가 형사과장인데요' '알아요, 판사 오라 하세요' 그래서 또 과장이 돌아갔어요. 그러더니만 담배를 쫙 피더라고. 그라면서 인상을 팍 쓰는데, 오늘 변호사님 싸움했다 하면 내가 딱 알아보는데 [이마를 가리키며] 그때도 주름살이 서더라고. 그래가지고 큰일 났다 싶었는데, 나중에 판사가 변호사협회 간부를 통해서 사과한 걸로 받아들이자고 해가지고 노 변호사가 받아들여 줬거든. 그만큼 본인이 정당할 때는 그대로 밀고 나갑니다. 나중에 시국사건 맡고 이럴 때도 그런 면모가 살아 있지요. 피고인 변론하면서 재판정에 뭐, '그게 뭡니까!' '학생들이 왜 이렇게 당해야 합니까!' 이라면서 정부를 막 성토하고…. 재판이 끝나고 사무실 들어와서도 '에이, 정말' 이라면서 분을 못 참으시고. 그래도 판결을 좀 낮게 받으려면 판사라도 만날 필요가 있을 것인데, 노 변호사님은 시국사건 재판 전후에도 공안부 검사는 물론이고 담당 판사도 거의 안 만났거든. 밤낮 재판정에서 싸우다 들어오고. 그때는, 여기 이마에 주름 세 개가 아니고 하나일 때는 그나마 나은 거라.

의분이 나서 그럴 때는 주름이 하나?

장원덕　　세 갭니다. 정말 안에서 분노가 일어나는 거고.

부림사건을 맡으면서 많이 달라지신 거죠?

장원덕　　그렇죠. 부림사건 면회 갔다 오면 밥 먹으면서 송병곤* 씨 이야기를 한번씩 했어요. 가니까 새카매 가지고 작아서 대학생 같

---

* 노무현이 변론을 담당한 부림사건 피해자이다. 이번 장 뒷부분에서 송병곤의 구술이 이어진다.

지도 않아 보이는데, 손톱 같은 걸 보면 고문을 심하게 당한 것 같아서 가슴 아파 죽겠다면서 '이럴 수 있나' 이런 식으로. 정말 의협심이 굉장히 강한 분입니다. 면회 갔다 오면 '나는 대학교도 안 나오고 데모도 안 해봤지만 이건 아니다. 고문을 하면 안 되지' 하면서, 그때부터 '돈 필요 없다' 마음을 딱 잡은 거예요. 나중에 한참 시위 현장 다니고 그럴 때인데, 어느 날 연락이 안 되는 거야. 그때는 노 변호사도 잡혀가고 문재인 변호사도 잡혀가고 김광일** 변호사도 잡혀가고 그럴 때거든. 우리는 오만 데 다 연락해서 찾아보고 그러다가 노 변호사 혼자 풀려나와 가지고 같이 밥을 먹었어요.*** '나는 앞으로 변호사 업무 안 하더라도 운동은 계속할 테니까 각자 다른 사무실 알아보시오' 이래. 그게 아마 1986년도였을 거라. 그때부터는 막 광복동 국도극장 앞에 툭 하면 시위하러 가는 기라. 최루탄 발사되면 다 도망가는데 노 변호사만 독하게 버티고 앉아 있고 그랬죠.

문재인 변호사와 만남에 대해서도 기억하는 바가 있으신가요?

** 1970년대부터 부산 지역을 대표해온 인권변호사로 이 책에서 자주 거론된다. 제13대 국회의원, 김영삼 대통령 비서실장 등을 역임했다.

*** 어떤 사건인지 정확하지 않다. 다만 노무현 초기 저서 《여보, 나좀 도와줘》에서 '86년경부터는 변호사 업무를 거의 중지하다시피 하고 운동에 전념했다'는 대목을 찾을 수 있다(220쪽). 문재인이 2011년 펴낸 《문재인의 운명》에도 '노 변호사는 86년 하반기부터 인권변호사 업무에만 전념했다. 일반 사건은 아예 맡지 않았다. 시국사건만 맡겠다고 했는데, 거의 대부분 노동사건이었다'는 이야기가 나온다(52쪽).

장원덕　처음엔 박정규* 씨라는 분과 같이하려고 했다가 검사로 임명되면서 대신 문 변호사를 소개해준 거라는 사정을 잘 모르고 있었어요. 나는 모르고 있는데, 어느 날 문 변호사가 사무실로 찾아와서 안에서 저도 죽 봤죠. 노 변호사 방에서, 노 변호사는 스타일대로 딱 담배 물고, 둘이 아주 진지하게 대화를 하더라고. 한두 시간 동안 했을 거야. 그리고 문재인 변호사는 1982년 8월에 우리 변호사 사무실로 왔잖아요. 그때 당시에 노 변호사님이 저를 불러서 '문재인이란 사람이 차석으로 사법연수원 졸업했는데 시국사건으로 구속된 전력 때문에 판사 검사 임명도 못 받고 우리하고 같이하니까 당신이 하나에서 열까지 성심성의껏 뒷바라지해라' 이래서 제가 담당이 됐죠. 그때 딱 보니까 뭐, 정말로 멋있대. 키도 크고. '아이고, 무슨 이래 멋진 사람이 있노' 싶더라고. 눈 쌍꺼풀 탁 지고. 그렇게 첫날 인제 나오셨는데 묵묵하게 일만 하는 거라. 방 요만한데 안에서 일을 하시는데 가만 보니 노 변호사님은 뭔가 이야기하고 싶어 가지고 요리 왔다 갔다 해도 문 변호사는 말도 안 하고 자기 맡은 일만 하는 거야. 내가 보면 노 변호사님은 이야기하고 싶은데 말도 못 걸고, 문 변호사가 워낙 말 안 하니까. 그러니까 괜히 우리한테 오는 거야. 사무과에 와가지고 '책상이 삐뚤어졌다, 바로 해라' '캐비닛에 먼지가 많

● 노무현과 김해 장유암에서 고시 공부를 함께한 인연으로 노무현 변호사 사무실 합류가 예정되어 있으나, 검사 임용이 결정되면서 사법연수원 동기인 문재인을 소개하게 된다. 2004년에는 문재인의 후임으로 참여정부 대통령비서실 민정수석비서관을 역임했다.

네' '바닥에 껌이 묻어 있네' 해가지고. [웃음] 나중에도 비슷했어요. 노 변호사는 아침에 출근하면 퇴근할 때까지 변호사실에서 직원 사무과로 하루에 열 번 정도는 들락날락하면서 '뭐하노' '이거 책상에 뭐 묻었네' 이러는데, 문 변호사는 변호사실에 한 번 들어가면 나와서 말 한마디 안 하는 분이라. 노 변호사는 말하는 걸 좋아하고 문 변호사는 침묵만 지키고 조용해. 그러니까 재밌어. 1982년 그때는 우리 사무실에 와봤자 아무것도 대우가 없었어요. 단지 몸 하나 오는 것이지. 그때 뭐, 봉급이라고 해봤자 얼마 주겠어요. 내 기억으로는 총 수입의 2분의 1씩 하자든가 이런 제의를 했을 거예요. 노 변호사도 또 문 변호사도 뭔가 서로한테 끌리는 게 있었겠지. 박정규 씨가 검사로 발령 나는 바람에 우리 사무실에 못 오고 대신 문 변호사가 온 거잖아요? 안 그러면 문 변호사님 우리한테 오실 수 없었어요. 우리한테 못 왔어요. 운명이라, 운명.

노동법률상담소가 생기고 나서 찾아오는 사람이 참 많았겠어요.

장원덕　나도 몰랐는데 어느 날 갑자기 노동법률상담소를 설립한다면서 사무실 하나에 책상 하나 놓고 하동삼** 씨가 와서 인사를 하

●● 울산 영남화학노조 총무로 활동하던 1980년, 전국민주노동자연맹에 중앙위원으로 참여한다. 이후 부산노동단체협의회 의장과 민주주의민족통일부산연합 공동의장 등을 맡으며 노동운동에 투신했다.

더라고. 얼마 있다 보니까 송병곤 씨하고 노재철* 씨를 데려와서 일했죠. 사무실이 또넓잖아요. 노 변호사가 사무실을 크게, 마 통 크게 빌려났어. 노동자들 방도 있고 그래가지고 완전 집합소라. 노동자들 사랑방처럼 했지. 노동사건, 산재사건, 다른 변호사들은 점잖지 못하고 돈 안 된다고 안 했어요. 산재사건은 우리한테 거의 다 왔어.** 그럼 거의 100퍼센트 승소했다고 봐야지. 문 변호사고 노 변호사고 노동자를 위해서 막 열변을 토하는 거죠. 아주 달변으로 했지. 그래가지고 사건을 많이 이끌어냈어요. 부산에서 우리한테밖에 안 왔어요. 무료 변론이었지만 노동자들이 인간적으로 봉투를 가져오면 그냥 생활비 보태 쓰라고 돌려주고 그런 일이 많았어요. 정 봉투를 주겠다 그러면 '아유, 오늘 이거 보너스 받았다'면서 '자, 이거 반은 가져가고 반은 회식하러 갑시다' 이랬습니다.

---

* 부산대학교 사회학과 졸업 후 노동법률상담소에서 일을 시작했다.
** 노무현사료연구센터에서 수집·파악한 노무현의 재판 자료를 보면 부림사건 변론을 맡은 1981년부터 노동 관련 사건을 수임한 기록이 나온다. 1984년까지는 산재사건이 대부분이었던 것으로 보인다. 이 책 말미에 수록한 '1978~1987 노무현 주요 연보'를 참조한다.

"유치장에서 주무시고 있더랍니다"

구술자 최병두는

1982년 8월에 사무원으로 입사해 노무현이 13대 총선에서 당선, 정치에 입문한 이듬해
인 1989년 2월까지 사무장으로 재직했다. 1950년 생으로 노무현의 부산상고(현 개성고)
3년 후배이기도 하다.

1982년은 노무현·문재인 합동법률사무소를 꾸리고 노무현이 인권변호사로 활동을
시작하던 시기다. 노 변호사는 이때부터 시국사건 외에는 형사사건을 맡지 않았고,
1986~1987년에 접어들면서는 사무실에서 거의 모습을 볼 수 없을 정도로 운동 현장에
깊숙이 들어가 있었다. 사무실 운영이 어려울 수밖에 없었다. 구술자는 그 시절의 사무
실 살림을 도맡았다.

● 최병두는 처음 사무실에 출근하기 시작했을 때 직원들 사이에서 막내였던 자신에게 가장 편한 사람은 노 변호사였다고 기억한다. 그럴 만큼 사무실 안에서 변호사와 직원들 사이는 격의가 없었다. 변호사라는 직업을 잘 몰랐던 그는 나중에야 '아, 변호사가 높은 사람이구나'라고 생각했다고 한다.

부림사건 2심이 진행 중이던 시기에 입사한 최병두의 구술은 노무현이 '변호인'으로 변모하는 과정의 초입에서 시작한다. 그때부터 이미 '법조 브로커'를 통해야 한다는 이유 등으로 형사사건을 맡지 않던 노무현이 민주화운동과 노동운동 현장으로 발걸음을 옮겨 가는 모습, 그러면서 기업의 고문변호사 자리가 끊기고 시국사건 외에 일반사건 수임까지 중단하면서 겪은 어려움을 이야기한다. 사이사이에 등장하는 민주화운동 시기의 면모와 개인적인 에피소드도 흥미롭다.

최병두와 구술 면담은 2012년 2월 13일과 3월 2일 부산 김훈태 법률 사무소에서 두 차례에 걸쳐 진행됐다. 이번 구술은 1차 면담 내용을 발췌·정리한 것이다.

노무현 변호사 사무실 근무에 앞서 면담 같은 걸 하셨다고요?

최병두   보통 취업하러 가면 면담하는 시간이, 요즘 같으면 면접이라고 그러죠, 그 시간이 그리 길지 않은데 저하고는 어찌 된 일인지 면접 시간이 굉장히 길었습니다. 변호사님과 한참 이야기하고 난 뒤에 이제 인사하고 나오는데 '내일부터 출근해라' 그러십디다. 당시로서는 좀 당황스럽고, 제가 법학을 전공했거나 그쪽 업무에 종사한 사람도 아니고 그래서 과연 내가 할 수 있겠는가 싶었지요. 결심하는 데 시간이 좀 필요할 거 같다, 한 일주일 있다가 출근하겠다 그래서 아마 8월 중순경에 출근을 했을 겁니다. 1982년이요. 저는 그때 변호사라는 직업을 잘 몰랐어요. 이제 취업을 해서 몇 달 지나고 나서야 '아, 변호사가 높은 사람이구나' 이렇게 생각을 했어요. (웃음) 그때 제가 30대 초반이고 변호사님이 중반이었죠. 저보다 네 살 많으신 분이니까.

사무실 분위기는 어땠나요?

최병두 당시 법률 사무를 보는 직원들은 저를 제외하고 다섯 명 내지 여섯 명쯤 됐습니다. 요즘하고 달리 그때는 전부 다 수기로 손으로 쓴 다음에, 법원 같은 데에 제출할 때는 타이프라이터(typewriter)로 다시 치기 때문에 타자수가 다 있었습니다. 그래서 직원이 적지 않았고 또 문재인 변호사가 같이하기로 해서 옆에 사무실을 마련해둔 상태였습니다. 처음엔 제가 개념이 없어서 잘 모르는 상황이고 지나고 나서 보니까 그리 크게 사건이 몰리는 그런 사무실은 아니었는데, 인제 직원들하고 변호사 사이는 거의 친구 수준, 말도 서로 편하게 해버리는 그런 수준이었어요. 직원들 사이에서는 제가 제일 막내니까 저는 누구나 다 어렵죠.

변호사님이 사무실에서 직원들에게 직접 강의도 하셨다고 들었습니다.

최병두　제가 1982년에 입사하고 1년 남짓 지나고 나니까 위에 고참들이 다 나가 버렸어요. 다른 직종에 종사하겠다고 하니까 노 변호사가 안 말린 거예요. 본의 아니게 제가 제일 고참이 됐습니다. 변호사 사무실이 외부에서 보기에는 법률전문가들의 집단입니다. 근데 제가 경력 1년 반 남짓, 거기다가 같이 호흡 맞추는 직원들은 저보다 더 경력이 짧은, 그런 사람들로 구성되어 있었어요. 그러니 이거 변호사로서는 좀 불안하죠. 불안하다기보다는 뭔가 부족하다는 생각을 하신 거 같아요. 그래서 한 6~7개월 정도를 아침에 한 시간 땡겨서 8시까지 출근하라고 했어요. 일단은 절차를 알아야 되니까 형사소송법을 같이 공부했어요. 노 변호사가 가르친 거죠. 같이 아침에 출근해서 듣는 사람들 중에 법학 전공한 사람은 송병곤 씨밖에 없었습니다. 변호사님 강의야 우리가 늘 하는 일 중에 일부니까 주입력이 굉장히 좋았죠. 일단 들으면 그게 딱딱 머리에 박히죠. 원래 강연을 다니시고 그러시면 재밌게 말씀하시거든요. 강의할 때도 마찬가집니다. 이것저것 사례를 들어서 설명하는 방법이 아주 다양해요. 그래서 쉽게 머리에 와서 박히고 또 저희는 실무적으로 바로 현장에서 부닥치고 이러니까 더 도움이 됐죠. 그때 배운 걸로 제가 30년 우려먹고 살잖아요. [웃음]

당시 노 변호사 사무실에서는 형사사건을 맡지 않았다던데요.

최병두 사무실에 들어갔을 때 도대체 법률사무소에서 형사사건을 안 한다는 게 무슨 소린가 의아해서 용감하게 '형사사건도 합시다' 그랬죠. 그러니까 변호사님이 정색을 하고 사무장을 부르더라고요. '들어온 지 며칠 안 된 놈이 형사사건 하자는데 설명 좀 해줘라' 그렇게 된 거예요. 그때 사무장이 저보다 서너 살 많은 분이었는데요. '형사사건을 계속하려면 법조계에 만연해 있던 일종의 부조리한 부분이 좀 있는데, 노 변호사는 그런 것을 하기 싫으니까 안 하는 거다. 그러니까 딴지 걸지 마라' 그런 말을 들었습니다. 소위 말해서 관공서 주변에 법조 브로커라는 사람들이 주선해주는 사건은 맡기 싫다, 누구한테 이야기해서 풀어주겠다 하는 식의 청탁을 요구하는 그런 일 때문에 못 하겠다, 그랬던 것 같습니다. 그리고 근본적으로 형사사건에서 변호사가 조력해주는 것이 그리 크게 작용하지 않는다, 이렇게 생각하신 거 같아요. 예컨대 철학적인 문제나 인생관을 다루는 문제 이런 것 같으면 진력을 다할 텐데, 그게 아니고 실정법상 범죄를 저지른 것은 틀림없는데 정상참작을 좀 과도하게 해달라, 이러는 건 취향에 맞지 않는다. 이렇게 생각하셨던 거 같습니다. 그래서 그때 형사사건을 하신 것은 시국사건밖에 없습니다. 그다음에 돈 안 받고 해주는 사건.

그럼 변호사 사무실 운영이 쉽지는 않았을 거 같은데요.

최병두 제 기억으로는 1984년 후반부터 1989년 2월에 제가 퇴직할 때까지 계속 어려웠어요. 사무실에서는 영업이나 변호사 업무에 있어서 변호사가 가장 중요한 영업 시스템으로 되어 있습니다. 그런데 변호사가 영업 활동을 할 수 없는 상황에 처하면 영업을 못 하고 고객이 없어지는 거잖아요. 그게 84년부터 변호사님이 주로 활동을 못 하고 이러다 보니까 이전에 쌓아놓았던 인맥으로 찾아와서 맡기는 일을 하는 정도. 그러니까 뭐, 일이라는 게 세월이 가면 노하우(knowhow)가 비축돼서 차츰차츰 파이가 커져야 되는데, 앞에서 쌓아놓았던 명성을 갉아먹는 상황이 됐습니다. 경제적인 부분이 굉장히 힘들어졌죠. 그때 당시 변호사님이 주로 시민운동에 참여하시고 이러다 보니 외부로부터 제약도 상당히 많이 받았습니다. 나중엔 기업 고문 자리 같은 게 다 떨어졌으니까요. 처음엔 우리 쪽이 상당히 친화력도 있고 적극성을 띠고 그랬거든요. 예를 들자면 그때 당시 한

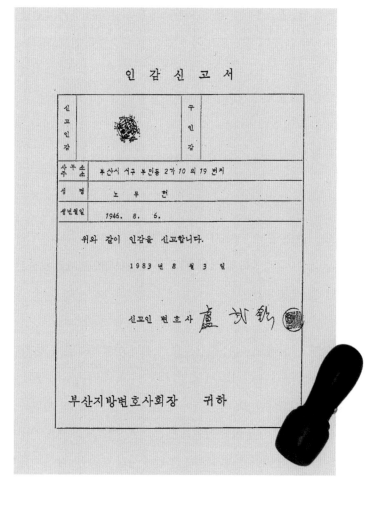

1983년 8월 노무현이 부산지방변호사회에 제출한 인감신고서와 인감도장.
구술자 최병두 기증.

기업 임원으로부터 자문을 요청받고 그 회사에 가서 거의 밤을 새우다시피 그 일에 매진했던 적이 있습니다. 그걸로 인해서 고문을 맡게 되었죠. 그랬는데 1984년 이후에 고문 계약이 자연스럽게 해지되어버리고 또 공공기업 쪽에서도 고문이 끊겨버리고 관련 소송 분쟁 같은 일도 끊겨버리니까 수익은 고갈되죠. 그런 상황이 조세사건을 맡는 계기가 되기도 했습니다.•

입사 당시는 문재인 변호사가 합류하기로 하고 아직 출근하지 않았던 때였잖아요? 이후에 같이 일하셨을 텐데, 두 분 일하시는 건 어땠나요? 업무 분담 같은 것도 하셨는지.

최병두　글쎄요, 어떤 사건은 누가 하고 어떤 사건은 누가 한다 이런 식의 분담은 아니고 협업 형태였습니다. 그러니까 두 분이 다 대리인으로 들어가고 '이 사건은 당신이 들어가시오, 이 사건은 내가 들어가겠다' 이런 식의 협의가 있는 거죠. 그리고 그때는 시국사건, 노동사건이 많았을 때거든요. 한 달에 사건이 40건, 50건 이렇게 들

• 자서전 《운명이다》에도 관련 대목이 나온다. '인권변호사로서 독재정권에 약점을 잡히지 않으려면 나부터 깨끗해야 한다는 생각도 했다. … 어려운 것은 은행과 기업의 고문변호사 관계였다. 기업의 법무팀도 10퍼센트, 20퍼센트의 리베이트를 요구했다. … 리베이트를 주지 않자 결국 은행과 기업의 고문 일도 거의 다 끊겨버렸다. … 리베이트를 끊은 데다 인권 변론에 시간을 많이 쓰려고 하다 보니, 결국 힘은 덜 들고 보수가 좋은 조세사건만 남게 되었다.'(84~85쪽)

어오면 사무실 칠판에 진행 중인 사건이 200건 이렇게 적힐 때도 있었으니까요. 당연히 재판 준비를 하다 보면 법정 시간에 맞추기가 굉장히 어렵습니다. 또 법정 가면 바로 재판을 할 수 있는 게 아니라 변호사들이 쫙 기다리니까 그 순서대로 해야 되고, 이러다 보면 잘 안 맞거든요. 자연히 같이하긴 하는데 오늘은 내가 바쁘니까 니가 들어가라, 오늘은 내가 들어갈게, 이런 식이죠.

두 분 일하시는 스타일이 좀 달랐을까요?

최병두 그게 참 델리케이트(delicate) 한데, 노 변호사님은 제가 미루어 짐작을 할 수 있습니다. 반면에 문 변호사님은 짐작이 안 되죠. 왜냐하면 대통령님은 내성적인 면이 있으면서도 해야 될 부분은 적극적으로 해버리는 그런 스타일이신데, 문 변호사님도 물론 그런 성향이 있습니다만 그렇게 말이 많으신 분이 아니거든요.

1986년 이후부터는 노 변호사를 사무실에서 거의 못 보셨을 것 같습니다. 현장에 주로 계셨잖아요?

최병두 1986년 이후, 1987년도 들어서는 안기부 담당이 아예 사무실에까지 올라올 정도였으니까요. 시위 현장에 못 가게 억류하려고. 그래서 창문 넘어가고 이런 적도 있습니다. 우리는 '안에 손님이 있다'라고 요샛말로 페인트모션(feint motion)을 쓰고, 문 변호사하고 둘이는 창문 넘어 현장으로 가고 그랬죠. 아시겠지만 1987년 2월 7일 박종철 추도식집회에서 시위 주동자로 구속시킨다고 변호사님한테 영장 청구를 한 사건*이 있었습니다. 우여곡절 끝에 기각이 됐죠. 그때 영장 없이 구금했다, 고소하겠다는 말씀을 하셨는데 주변에서 말려서 고소까지는 안 했던 거 같습니다. 당시 김광일 변호사, 문재인 변호사, 노 변호사 세 분이 붙들려 가셨거든요. 셋이 같은 방에 있었는데 검찰에서 조율해서 김광일 변호사하고 문재인 변호사는 먼저 석방을 시켰어요. 우리는 같이 나오실 거라고 보고 기다리고 있었는데 안 나오세요. 문 변호사가 먼저 나와서 이제 어떤 상황인지 알아보고 그랬죠. 그리고 나중에 사무실에 와서 이야기를 해주셨는데 근데 그 말이 걸작입니다. 거기서 노 변호사는 주무시더래요. [웃음]

어디서요?

최병두　유치장에서요. 유치장이라기보다는 거기 아마 경찰서 무

---

* 1987년, 이른바 2·7추도회에서 연행된 노무현에 대해 검찰이 하룻밤 새 네 차례에 걸쳐 구속영장을 청구한 사건을 말한다. 2장 '민주화투쟁 현장에서'를 비롯해 다른 구술자들의 구술에도 자주 언급된다.

진 술 조 서 (제 2 회)

주 거 부산시 남구 남천2동 146번지 삼익비치맨숀 203동 1105호

성 명 노 무 현

위의 사람은   에 대한   피의

사건에 관하여 19 87 . 2 . 8 . 부산시경찰국에서

전회에 계속하여 다음과 같이 임의로 진술하다

1.	저는 역시 전회 진술한 노무현 변호사 입니다.
1.	저는 전회에 이어 사건 사실에 있어 진술의 형식으로 문답을 하면
	묵비권 행사를 하겠읍니다
이때	진술인이 사실에 대하여 묵비권 행사를 하겠다고 하였으나 임의로 대화
문답을	행하다
문	진술인은 고 박종철 추모식에 참석한 사실이 있는가요
답	묵묵 부답으로 대답을 하지않고 있다
문	진술인은 고 박종철 추모식을 하고난뒤 시위를 할려고 사전 모의등을
	한 사실이 있는가요
답	묵묵 부답을 하다

진 술 조 서 (을)   14

[사료번호 69986]

1987년 2월 7일 '고 박종철 군 범국민추도회'에서 연행된 노무현이
부산 북부경찰서에 이어 부산시 경찰국(부산지방경찰청)에 넘겨져 조사를 받은 기록.
노무현은 당시 경찰의 강제 연행에 항의,
일체의 진술을 거부하며 진술 조서에 날인도 거부했다.

슨 과장급이나 간부들 방이었을 거예요. 주무시더래요, 참 천하태평이다…. [웃음] 그리고 제 기억으로는 풀려나서 다음 날 사무실에 안오셨습니다. 댁에서 쉬신 거 같아요. 그 뒤에도 그에 대해서 별말 안했던 거 같고. 저희도 뭐, 나온 것이 당연하다 이렇게 생각을 했지요.

집회도 집회지만 노동 현장에 강연도 많이 다니셨지요.

최병두　강연이요, 그런 부분에 대해서 원고나 교안 이런 건 스스로 다 작성하셨어요. 자기가 제일 밝고 속도가 제일 빠르고 하니까요. 사실 다른 여지도 없었던 게, 저희는 저희대로 법조 업무에 매몰되어 있던 상태였습니다. 그때 저희도 굉장히 힘들었거든요. 왜 힘드냐면, 일은 노 변호사한테 맡겼는데 노 변호사가 법정에 안 나오고 다른 변호사가 나와요. 노 변호사는 거의, 거의 안 나가셨죠. 시국사건 맡은 부분만 나가셨고. 이거는 엄격히 얘기하면 계약 위반입니다. 그러니 그런 문제를 다 메꿔내려면 굉장히 힘들죠. 거기다가 당시는 노 변호사 사무실이다, 그러면 법원 직원들이 같이 식사를 안 할라고 그랬어요. 왜 그러냐고 하니까 재판장님이 하지 말라더라, 밥도 같이 먹지 말라더라, 그런 정도로 심한 상태였습니다. 그 시기엔 정말 노 변호사님은 간혹 가다가 한 번씩 본 거 같고요. 문 변호사하고 다른 고용 변호사가 변론을 맡아가지고 있었고. 그때부터 노 변호사님이 직원들을 정리를 하기 시작했습니다. 최악의 경우 '마, 그냥 감옥에 간다' 그렇게 생각하신 거 같아요. 일단 문 변호사하고 사무실을 다시 합치게 됐잖아요.* 그러면 문 변호사 사무실 식구들이 있습니다. 그 직원들이 있고 또 우리 쪽 직원들이 있잖아요. 두 사무실을 합치게 돼서 실질적으로 자기가 변호사 활동을 활발히 못 하면, 아까 말씀드린 이유로 사건이 떨어지죠. 사건이 떨어지면 직원을 내보내야 되는 문제가 생깁니다. 그러다 보면 문 변호사한테 요즘 말로 구조 조정을 해야 하는 악역을 가져다가 맡기게 되는 거니까, 자기가 미리 다른 사무실 주선을 해주고 이렇게 해서 교통정리를 좀 했죠.

그러다가 87년엔 그야말로 구속**이 되고 변호사 업무 정지 처분까지 받으시잖아요?

최병두　올 게 왔다, 이렇게 생각을 했죠. 구속 당시는 저희도 특별히 만날 수 있는 그런 시간적 여유도 없었고 면회 갈 수 있는 상황도

● 1982년 노무현과 합동법률사무소를 시작했던 문재인은 1984년 잠시 독립했다가, 1986년 1월 다시 노무현과 결합하였다.

●● 노무현이 1987년 9월에 대우조선 이석규 사망사건과 관련해 제3자 개입 혐의 등으로 첫 구속된 사건이다. 3장 '노동 현장에서'를 비롯해 다른 구술자들의 구술에도 자주 언급된다.

아니었고요. 변호사님도 특별히, 뭐. 그 상황에 관해서는 우리가 더 잘 알고 있으니까 굳이 더 이야길 안 하셨습니다. 그냥 '미안하다'였지요.

일이나 사건 외에 개인적인 면모에 대해서 좀 여쭤보겠습니다. 얼리어답터였잖아요? 변호사님이.

최병두　금성사에서 나온 8비트 아니 16비트인가? 16비트 컴퓨터를 저희가 샀어요. 제가 그 1982~1983년도에 이디피에스(EDPS) 교육을 받으러 다녔거든요. 노 변호사가 저를 딱 찍어가지고 '배워라' 이래가지고. 그때는 베이식 프로그램(basic program)이라고 해서 별도로 배워야 됐어요. 근데 이 어른이 어느 날 딱 컴퓨터를 사더니 또 직접 컴퓨터 판매상에 전화해가지고 이게 왜 페이지 스킵(page skip)이 안 되냐면서 아주 전문적인 것을 물어보고 그러면서 스스로 습득하셨어요. 그러니까 우리 사무실이 부산에서 가장 먼저 컴퓨터를 도입해서 '장원'이라는 워드프로세서 프로그램을 깔았어요. 아마 서울에서도 그 시절에 워드프로세서를 활용해서 한다는 소리를 못 들었습니다. 그때 프린터가 도트매트릭스(dot matrix), 타다닥 그거 처음 했습니다. 인간적인 면모라고 그럴까요? 그런 부분은 예컨대 '끊임없이 변해야 된다'는 거죠. 노 변호사는 잦으면 한 달 아니면 두 달에 한

번씩 사무실 구조 변경을 해야 돼요. 좀 더 나은 게 뭐 없을까? 끊임 없이 찾는 거예요. 다시 원상 복구되는 일은 거의 없고 또 변화시켜요. 벽체를 헐었다가 다시 쌓았다가 이런 식으로. 문 변호사도 그 부분에 있어서는 '노 변호사님은 첨단을 가시는 분이다'라고 했죠. 그 부분은 도저히 못 따라갑니다. 그 어른 사법시험 합격기가 《고시계》에 실린 게 있어요. 제목이 '과정도 하나의 직업이었다'●인데, 그러니까 효율이 중시되는 것은 그 과정에 있어서 경제원칙을 적용하는 거죠. 하지만 결과가 어떤 결과여야 한다, 이런 생각은 아닌 것 같았습니다. 그런데 우리 직업상 요구되는 것은 결과지 그 과정은 모르겠다, 이거거든요. 그래서 그런 부분, 과정에 특별히 애착을 가졌던 거 같습니다.

책도 많이 보시죠.

최병두 책은 거의 생활이죠. 독서량이 대단하셨습니다. 기억력이 엄청나게 좋으시거든요. 그래서 책을 한 번 읽으면 거의 다 기억을 하시는 거 같아요. 부림사건 맡고 난 다음에 리영희 교수의 《전환시

● 1975년 《고시계》 7월 호에 '제17회 사법시험의 유일한 고졸 합격자 수기'로 실렸다.

대의 논리》*나 이런 책을 보셨을 거예요. 그 전에는 그쪽 책을 접할 수 있는 기회가 안 주어졌을 겁니다. 근데 책 전부를 다 암기하다시피 해버려요. 집중력이 보통 사람하고는 차원이 좀 다르다고 보셔야 됩니다. 일을 하면 앉으나 서나, 누우나 화장실에 가나, 자나 깨나 선승들이 화두 참구(參究)하는 것처럼 하십니다. 사안에 관해서 집중을 하니까 결론이 나더라고 그럽디다. 그래서 제가 노 변호사한테 어떤 지시를 받거나 했을 때 한 번도 '그건 할 줄 모릅니다' 이런 소리를 한 적이 없습니다. 가장 따라잡기 힘든 부분도 그런 부분이었습니다. 변호사님의 면모에 관해서 하나 더 말씀드리면, 더러 융통성이 없다는 말도 있는데 오히려 제가 봐온 분들 가운데에서는 가장 융통성이 있는 분 중에 하납니다. 개인적인 에피소드인데요. 제가 처음에 취업을 했잖아요. 82년 8월 달이니까 6개월쯤 지났을 무렵에 '제가 사는 집이 시원찮아서 괴롭다' 이러니까 여러 생각 끝에, 변호사님이 그때 성공 보수의 대가로 현물로 받아놓은 아파트가 있었습니다. 그 집을 사라 그랬어요. 근데 당시 제가 추산컨대 시가가 1400만 원 정도, 스물아홉 평형 아파트였으니까요. 변호사님이 '니가 산다면 1000만 원에 주겠다' 그래요. '내가 돈이 어딨습니까? 외상으로 해주소. 그러면 갚을게요.' '외상으로는 나도 안 되고 니가 대출을 받

● 리영희 선생이 1974년에 발표한 저서이다. 중국 관계, 베트남전쟁, 일본의 재등장 문제 등을 분석해 민주국가와 공산국가에 대한 기존의 이분법적 사유의 틀을 깨뜨리며 현대사와 국제정치를 보는 새로운 시각을 제시했다.

아라. 동기들한테 가서. 대부계 대리쯤 하고 있을 거니까 가서 대출 받아라. 1000만 원에 해줄 테니까.' 400만 원이 싸잖아요. 400만 원도 굉장히 큰돈이잖아요? 그래도 얘기했죠. '대출 받아봐야 월부금 내면 생활이 안 되는데요.' '허허, 하라니까.' 그래서 대출 받았어요. 1000만 원을 드렸더니 그다음 달부터 봉급을 고 이상으로 인상해주셨어요. 결국 그냥 준 거 아닙니까. 물론 취득세, 등록세 세금 내고 조금 차이는 있지만 거의 공짜로. 그런 일이 있었습니다.

두 번의 제안, "병곤아, 이 일 한번 해볼까?"

구술자 송병곤은

1958년에 태어났다. 부산대학교 법대를 졸업하고 군 입대를 기다리며 노동 현장을 경험하고자 공장에 다니던 중 연행됐다. 경찰서에 끌려간 그에게 던진 첫 질문은 '평양에 갔다 왔지'였다. 그렇게 부림사건에 연루되어 구속영장이 발부되기까지 60여 일간 불법 감금당했다. 노무현은 그를 처음 만났던 순간을 《여보, 나좀 도와줘》에 이렇게 기록해두었다. '얼마나 고문을 당하고 충격을 받았는지 처음엔 변호사인 나조차 믿으려 하질 않았다. 공포에 질린 눈으로 슬금슬금 눈치를 살피는 것이었다. 한창 피어나야 할 한 젊은이의 그 처참한 모습이란…'.(214쪽)

2년여간의 수감 생활 끝에 1983년 8월 특별사면 된 그는 '함께 일하자'는 노무현의 제안으로 1984년 4월부터 변호사 사무실 출근을 시작한다. 같은 해 9월, 노동법률상담소를 차리면서 실무책임자로 관련 업무를 담당했다. 민주화운동에 대한 미련으로 1985년 말 사무실을 떠나 노동 현장에서 활동하다가 1987년 다시 구속됐으며, 그해 말에 풀려나와 이듬해인 1988년 문재인이 이어 맡은 노동법률상담소로 복귀했다. 1987년 구속 당시 변호사가 문재인이었다.

2015년 현재까지 법무법인 부산의 사무장으로 근무하고 있다.

● 부림사건 변호인으로 노무현과 처음 만난 송병곤은 출소 뒤 사무실로 찾아간 날을 인상 깊게 이야기한다. 그때 노무현 변호사는 '왜 이렇게 반가워하지' 싶을 정도로 청년들을 환대하고, 당감성당에서 열린 석방환영회를 흥겹게 함께한다. 급기야 '빵잽이'들을 나이트클럽까지 데려갈 정도로 '변호사 맞나 싶게 재미있었다'고 한다. 송병곤의 구술은 변호사 사무실 취직과 노동법률상담소 활동으로 이어진다. 집회 현장에서 연행된 자신을 데리러 노무현 변호사가 직접 경찰서로 찾아온 이야기도 접할 수 있다. 당시 함께 끌려갔던 여직원과 1990년 4월에 결혼했는데, 국회의원이던 노무현이 주례를 맡았다.

송병곤의 구술은 2011년 7월 19일 법무법인 부산 사무실에서 진행된 면담 내용을 발췌·정리한 것이다.

부림사건으로 구속되는 과정부터 말씀해주시죠.

송병곤   (언젠가부터) 호철이*가 행방불명이 돼서 연락이 안 되는 거예요. 그런데 잡혀갔다는 소문이 돈 거야. 아무래도 안 되겠다, 집에를 한번 가봐야겠다 해서 그때 온천동에 빌라를 갔드만 어머니가 잘 모른대. 그러면서 빨리 가라고 하시는 거야. 호철이가 잡혔는지 어

● 이호철을 지칭한다. 부림사건 피해자 가운데 한 명으로 1982년 4월에 3차 구속된다. 2장 '민주화투쟁 현장에서' 구술자로 나온다.

찌 됐는지 궁금증이 안 풀렸어요. 그러면서 어머니가 빨리 가래서 내려갔어. 호철이 집에 자주 놀러 갔으니깐, 술 먹고 나면 호철이가 '병곤아, 여기로 오다가 큰길로 가지 말고 논두렁길로 가면 안 잡힌다' 그런 이야기도 했거든. 그래 이제 내려오면서 논두렁길로 갈라다가 '설마 별일 있겠나' 해서 큰길로 내려갔는데, 이상한 사람 둘이 같이 올라오는 거야. 그러면서 나를 탁 잡더라고. '호철이 만나러 왔지' 그러면서 나를 잡아갔어요. 지금 생각하면 '아니다, 호철이 누군지 모른다' 하고 가버리면 끝나는 건데, 그냥 순순히 잡혀간 거야. 동래서로, 동래경찰서로 가서 하루 정도를 쭉 '나는 모른다, 호철이 친구니까 갔다. 친구 집에도 못 가나' 이러고 있는데 잠을 안 재우고 하루 정도 있드만, 그다음 날 누가 인수하러 온대. 그러면서 '거기 가면 니는 죽는다, 아는 만큼 다 이야기해라' 하는데 아는 게 있어야지. 거기 있다가 하루 지나서 인계가 됐어요. 지금 보면 대공분실 사람들이지요. 그래가 대공분실로 갔어요. 가니깐 옷을 갈아입히더라고. 지금 생각하면 그래요. 옷을 갈아입힌다는 건 고문하겠다는 거야. 그냥 우리가 입고 있는 옷을 입힌 채로 고문을 하지는 않아요. 왜? 흔적이 남으니까. 그래서 군복으로 갈아입혀요. 그때는 그것도 모르고 갈아입으라니까 그런갑다 하고 갈아입었지. 그래가지고 하루 이틀 다짜고짜 쥐어 패고, 이제 이래 된 거야. 부림사건이 나로부터 시작되었어요. 그래서 부림사건을 이야기하면 항상 가슴이 아파요.

노무현 변호사를 처음 만났을 때는 어땠나요?

송병곤　접견을 왔더라고, 노 변호사님이. 근데 그때는 내가 뭐라고 얘기했냐면 '변호사 필요 없습니다' 했어요. '변호사님들이 이런 걸 어떻게 변론을 하겠나' 내 생각은 그랬고, 오히려 건방지게 이야기하자면 '적어도 이런 한국 사회의 문제나 운동의 문제나 혁명의 문제에 있어서는 내가 더 낫다, 변호사보다는 내가 더 똑똑하지 않을까' 그런 생각을 해서 '변호사 필요 없어요'라고 했거든. 그러니까 노 변호사님은 그 이야기를 듣고 변호사도 정부의 기관원인 줄 알고 의심을 했다 하는 말이 나왔을 수 있어요.* 나는 의심을 한 게 아니고, 우리가 변론을 스스로 해야겠다는 생각이 있었어. 그것 때문에 필요 없다고 했지요.

변론 과정에서 기억나는 바가 있으신가요?

송병곤　지금도 기억에 남는 것은, 공소장에 나오는 부림사건 자체가 공부하고 서로 이야기하는 이걸 전부 집회 시위고, 책은 전부 북한을 찬양하는 이런 책이라는 식으로 됐으니까, 책의 내용이 어떻고

---

* 자서전 《운명이다》에도 관련 대목이 나온다. '얼마나 고문을 받았는지 초췌한 몰골을 한 청년들은, 변호사인 내가 정보기관의 끄나풀이 아닌지 의심하는 기색이었다.'(77~78쪽)

항소이유서
피고인 송병곤

피고인은 서기 1982년 2월 23일 부산 지방법원
형사 단독 6과에서 국가보안법 위반 등 죄로 징역
3년 6월에 자격정지 3년 6월을 선고받고 이에
불복하여 다음과 같이 항소이유서를 제출합니다.

다 음

피고인은 본건 항소사실을 일부 시인 일부 부인하오며
다음과 같이 항소이유를 밝힙니다.
존경하는 재판장님!
두려움의 구속을 얻고 붓펜을 잡고 항소이유서를
쓰는 지금, 무라고 써야할 지 잠시 막막합니다.
막막한 슬픔과 당당함이 마음 속, 저 안쪽, 깊은
곳에서 솟아올라 안타까움을 더 할 뿐입니다. 오직
고난받는 민족의 설움이 없게끔 한시바삐 절조망이
없는 족이 오기를 가천하면서, 가슴 속의 응어리를
풀어나갈까 합니다.
먼저 항소사실에 대한 해명을 하기전에, 재판장님
의 이해를 돕기 위해 항소 제가 지난날의 생각을
먼저 얘기하고자 합니다. 그런데 한 인간이 가지고
있는 삶에 대한 자세를 알기 위해서는 그 인간의

[사료번호 69016]

1982년 5월 15일 구술자 송병곤이 자필로 쓴 부림사건 항소이유서.

이건 무슨 내용이며 어떤 거냐고, 그런 걸 많이 물어보셨어요. 그래서 책 내용은 어떤 거라고 기억나는 대로 많이 설명을 해드렸고. 그때 나는 몰랐어요. 피고인으로 갇혀 있었고, 변론하는 과정에서 변호사님이 그렇게 자기 인생이 뒤흔들릴 정도로 그런 강한 충격을 받았는지, 그리고 그렇게 변화하고 있었다는 걸 나는 몰랐습니다. 내가 좀 섬세하지 못한 면도 있겠지만. 하여튼 굉장히 열성적으로 하셨어요. 그리고 1983년 광복절에 풀려나왔어요. 구형 2년 6개월, 3년까지는 광복절, 그 이상은 크리스마스. 우리가 진짜 영화 제목 그대로 '광복절 특사'입니다.

출소 이후에 변호사님을 만나셨을 텐데요?

송병곤 출소하고 난 다음에 8월 달부터 성탄절까지는 어머니가 몸 보신해야 된다고 하셔서 한약 먹고 진단받고 그래 했네요. 그러다가 성탄절에 호철이가 나오고 부림사건 사람들이 다 석방되고 난 다음에 그때 갔습니다. 호철이가 '야 병곤아, 우리 노 변호사님한테 인사하러 가자'고 해서 '그래, 가자' 그래가지고 호철이 저, 재열이* 세명이서 인사하러 갔어요. 그때 부민동에 변호사 사무실 있을 때, 법

---

* 노재열을 지칭한다. 부림사건 피해자 가운데 한 명으로 2011년에 부산 지역 학생운동을 조명한 소설 《1980》을 발표했다.

원이 그쪽에 있을 때, 그래 갔다 아닙니까. 그날 당감성당에서 석방 환영회도 잡혀 있었고, 호철이가 노 변호사님한테 들러서 가자고 해서 들른 거예요. 아마 같은 날일 거예요. 그래서 인사하러 갔는데 의외로 너무 반갑게 맞아주는 거예요. 그때는 이 사람이 왜 우리를 이렇게 반가워하지 싶을 정도로 너무 반가워하시더라고. 어서 오라면서 앉아라, 조금만 기다려라 하더니 커피 주고 '바로 일 정리하고 나갑시다' 하면서 너무 반가워했어. 그리고 목욕하러 가자고 해서 그때 처음 사우나도 가봤어요. 법원 앞에 사우나 가서 다 같이 목욕 쫙 하고, 이발해라 해서 머리도 짧은데 이발도 하고…. 그게 끝이 아니었어요. 그래서 당감성당 환영회까지 오셨다 아닙니까. 우리를 직접 다 태우고 같이 갔어요. 그게 나는 그날 하루 일로 기억이 돼요. 지금 생각해보면 그래도 징역 살다 나왔으니까 때 빼고 광내고 환영회 가자, 노 변호사님 생각은 그랬던 것 같고 처음 가는 우리는 억수로 당황했고 뭔지 모르고 좋았고, 그래가 환영회를 갔지요. 그래가지고 당감성당 환영회에서도 자기가 석방된 것처럼 술도 많이 드시고 나중에는 혼자 나오셔 가지고 춤을 추시는데 아따, 변호사 맞나 싶고 재미있었어요. 그걸로도 끝이 아니었다니까. 당감성당 환영회 마치고 '여기 있는 사람 다 갑시다' 해서 어디 갔는지 압니까? '빵잽이'*들을 전부 크라운호텔 나이트클럽으로 가자고 해가지고 그때 진짜 20

● 교도소 수감자를 이르는 속어이다.

대 초반 청년들이 사우나도 처음 가봤고, 나이트클럽도 처음 가봤네. 그래서 후배 몇 명은 저지당해서 '형님, 쟤들이 내를 안 넣어줍니다' 해서 싸움도 하고 델꼬 들어가고 그랬다 아닙니까? 나이트클럽 가갖고 완전히 거기 안에서 휘저었네요. 우리는 사우나도 가면 안 되고, 빨간불 파란불 있는 이발소도 가면 안 되고, 더구나 나이트클럽도 가면 안 됐는데 그날 하루에 다 했다니까. 지금 생각해도 좀 과했지요. 과했지만 재미있기는 재미있었어요. 그러면서 인사하고 이래 했을 때 그 자리에서 노 변호사님이 '송병곤 씨'라고 했는가 '송병곤 군'이라고 했는가 '자네'라 했는가 잘 기억은 안 나는데, 사무실에서 나와 같이 일하지 않겠냐는 제안도 그때 했어요. 인사하러 갔을 때. 후에 알게 된 사실인데 어머님이 내 취직을 부탁했다고 하더라고요, 노 변호사님한테.**

그래서 변호사 사무실로 출근하게 된 건가요?

** 구술자 어머니에 관한 사연은 《여보, 나좀 도와줘》에 '그의 어머니는 아들이 행방불명되자 문득 3·15 때 마산 앞바다에서 시체로 떠오른 김주열이가 떠올라, 부산 영도다리 아래에서부터 시작해 동래산성 풀밭에까지 아들의 시체를 찾겠다며 마치 실성한 사람처럼 온 부산 시내를 헤매고 다녔다는 것이었다'는 대목에서 소개된다(213~214쪽). 같은 책에서 다음과 같은 관련 대목도 찾을 수 있다. '일손이 모자라서 부림사건 때 제일 오래 불법 구금을 당했던 송병곤 씨를 직원으로 채용했다. … 그는 정말 마음이 곱고 부지런한 사람이었고 모든 일을 책임감 있게 처리했다. 고문 후유증으로 고통을 받으면서도 월급 받으며 편하게 사는 것 자체를 몹시 괴로워했다.'(82~83쪽)

송병곤　1984년 4월 1일이 일요일이었을 거예요. 그러니까 4월 달 첫날 출근해야 하는 건데, 그게 아마 일요일이었기 때문에 2일부터 출근한 것으로 기억합니다. 그때는 아무것도 모르는데, 또 일을 하자니까 거절을 하기도 성격이 그래요. 노 변호사님이 많이 꼬았다니까. '병곤아, 같이 일을 하면 시민을 위한 법률 강좌도 하고 시민을 위한 법률해설서 이런 책을 만들어서 낼 수도 있고' 하는 식으로. 아마 그건 진짜였던 것 같아. 노 변호사님은 그런 생각을 하고 있었을 것이라 생각합니다. 의미 있는 일을 할 수 있으니까 하자, 그렇게는 했는데 탐탁지는 않았어요. 출근을 하니까 그때 최병두 사무장님, 그리고 최도술 실장님은 조세실장이었어요. 근데 그 사무장님이 저녁에 퇴근할 때 나랑 좀 같이 가자는 거예요. '어디요?' 하니까 '하여튼 따라오면 된다, 가자' 그래. 가자면 가야지요. 갔더만 양복점을 데리고 갔어요. 데리고 가서 '색깔 좋은 것 하나 골라라' 하길래 '난 모르겠는데요' 하니까, '양복, 좋은 색으로 최고급으로 하나 쫙 뽑아주소' 이래요. '와 이라는데요' 하니까 '변호사님이 너 양복 하나 해 입히라 하더라. 아무 소리 말고 해 입어라' 해서 노 변호사님이 해 주신 양복, 그거 아마 1년 반 있으면서 그것만 입고 다녔을 거예요. 봄가을로 양복 하나 산뜻하게 해 입고, 그래 출근했네요.

일하는 건 어떠셨나요?

송병곤　처음엔 이제 접수하는 것하고 법원이 어떻게 돌아간다, 이걸 배워야 될 것 아닙니까. 그럼 가서 빙 도는 걸 배운다고. 그거야 한 한 달만 돌아가는 것 보면 사건이 어찌 돌아간다 바로 나와요. 그다음에 노 변호사님은 글을 써보라고 했고. 들어가서 얼마 안 됐는데도 사건을 하나 줘가지고 글을 써보라고 그랬고 그다음에는 노 변호사님이 강의, 아침마다 강의했지요. 아침 8시부터. 야, 그건 정말 지금 생각해봐도 대단한 겁니다. 어느 변호사님이 직원들을 위해서 그렇게 강의하겠어요, 아침 8시에 출근해서. 민법과 민사소송법까지 쭉 강의를 했어요. 그러니까 아침마다 전 직원이 다 들었어요. 여직원까지 싹 다 와서 들으라고 했으니까 그때는 얼마나 괴롭겠습니까? 아침 8시까지 출근해가지고 많이 잤지요. 많이 졸고 했는데, 그걸 쭉 하신 변호사님은 어떠셨을까 싶어요. 그걸 거의 하루도 빠짐없이 쭉 하셨으니까, 참 대단하지요. 지금 생각해보면 열정이 너무 고마웠습니다. 그때 처음으로 민법 책을 끝까지 한 번 다 봤어요. 그리고 소소하게 기억나는 건, 변호사 사무실에서도 소탈하고 솔직하고 그건 틀림없었고요. 좀, 뭐라 합니까, 어떨 때는 변덕이 좀 심하다 할 정도로 한 번씩 이래 직원들 자리 배치 있잖아요, 사무실. 이걸 뜬금없이 바꾸자 이럴 때가 있어요. 그게 바꾸자 하면 변호사님은 그냥 바꾸면 되는데 우리는 그걸 또 옮기고 하려면 일이잖아. 무던히 가만히 잘 있는 책상을 왜 바꾸냔 말이야. 그럼 사무장님은 '알겠습니다'

하고, 나는 바로 '가만있으면 되는데 왜 또 그러냐'고 하는 거야. [웃음]

노동법률상담소*도 만드시잖아요?

송병곤　어째 노 변호사님이 그 시기에 노동법률상담소를 만들자 했는지는 알 수가 없어요. 그런데 그게 현실감각이 뛰어나다고도 할 수 있겠고, 거기에 맞춰서 대처해 나가는 게 상당히 참 뛰어난 분이 라고 생각합니다. 그때 막 퇴직금이나 이런 소송도 있었습니다만, 점 점 현장에서의 싸움이 서울이나 이런 쪽에서는 슬슬 준비되고 있었 고 나온단 말입니다. 거기에 맞춰서 노동법률상담소를 만들자고 하 셨던 것 같아요. 나도 적극 좋아했고. 그러니깐 저는 그때부터는 일 반 민사사건은 안 했어요. 내가 노동법률상담소의 실무책임자가 된 거지요. 그때는 노동사건이 현장에서 많이 있지는 않았어요. 초반기 였기 때문에. 저하고 정재성** 변호사님 부인이 되신 전순실*** 씨 하고가 일단 노동법률상담 실무를 주로 했지요. 둘이서 뭡니까, 사 상공단에 노동법률상담소 알리는 요만한 명함, 전단 이만한 걸 만들 어서 뿌리러도 다니고 많이 알리기도 하고 그랬지요. 지금도 그렇습

---

* 1984년 9월, 변호사 사무실에 노동법률상담소를 개소했다.
** 2015년 현재 법무법인 부산의 대표 변호사이자 노무현의 조카사위이다. 부림사건 재심사건 상고심 변호를 맡아 2014년 9월 25일에 무죄 판결을 이끌어냈다.

니다만 법률은 항상 한걸음 뒤에 가요. 한걸음 뒤에 갑니다. 후방 지원이지요. 이게 앞서서 나갈 수 있는 게 아니에요, 법학이나 법률이라는 것은. 왜. 질서와 안정을 최고 중요시하기 때문에. 그니깐 항상 보수 쪽으로 갈 수밖에 없고. 이게 아무리 노동법률상담을 한다 하더라도 사건이 터지고 난 다음에야 해결을 할 수가 있는 거야. 뭔가 항상 한걸음 뒤에 물러서 있는 그런 위치지요. 그래서 나는 성에 안 찼어요. 그렇지만 노동법률상담소가 그 뒤에 했던 역할을 쭉 보면 참 부산·경남에서 많은 역할을 했다, 그렇게 봅니다. 그리고 아마 전국적으로도 처음이었을 겁니다, 노동법률상담소는. 노동자들한테 일이 닥치고 난 다음에 그래도 보호막을 해줄 수 있는 그런 걸 가장 먼저 만들었던 거지요. 그리고 1987년 노동자대투쟁****이 일어나기 전까지, 엄혹했던 박정희 시대 이후로 계속 노동조합이나 노동운동이라고 할 것도 없고, 근로기준법 자체도 잘 안 지키는, 퇴직금조차도 계산 안 해주던 그런 세월 속에서 노동법률상담소가 했던 역할은 상당히 큽니다. 후방 지원이지만 그러면서도 노동법에 나와 있는 권리가 어떤 것이라는 것을 알리고, 이런 것이 점점 알려지게 되는 것은 상당히 크지요. 처음엔 노 변호사님이 '병곤아, 이 일 한번 해볼까?' 해서 시작된 거거든요. 그러면서 그런 말씀을 하셨어요.

••• 노무현의 조카이다. 당시 노동법률상담소에서 근무했다.

•••• 6월항쟁의 영향을 받아 1987년 7월에서 9월까지 벌어진 전국적 파업투쟁이다. 7월과 8월에만 3,000여 건 이상의 노동쟁의가 발생했다.

[사료번호 22573]

1985년 변호사 사무실 직원 가족들과 지리산 천왕봉에 오른 노무현.
맨 왼쪽이 구술자 송병곤이다.

제가 하도 재미없어해서 하는 거라고. 물론 꼭 나를 위해서 하셨겠어요? 스스로도 노동법률상담소를 한번 해보고 싶은 욕심이 있었겠죠, 틀림없이. 그때 나는 개인적으로는 한계가 많다는 불만이 있었지만, 그런 불만을 가지고 있으면서도 이후 다시 노동법률상담소로 왔단 말이에요. 물론 배운 게 도둑질이라고 할 수 있지만 그게 어느 정도의 역할이 있다는 그런 생각은 했던 것 같습니다. 그리고 상담하면서 최고 의미 있고 보람 있는 게 노동법률상담이에요. 나는 그렇습디다.

1985년에 변호사 사무실을 떠나셨죠?*

송병곤 뭘 할 건지 고민하다가 현장으로 갈라 했지요. 근데 그만둔다고 말씀을 드렸을 때 노 변호사님이 차마 드러내 놓고 잡지는 않으셨습니다. 잡지는 않았지만 많이 서운해하시는 표정이었어요. 노 변호사님이 사무실을 공해문제연구소와 같이 썼다는 것은 다 알려진 것이고, 거기에 나는 더 좋은 게 병철이**나 그런 후배들이 같은

---

* 2013년 구술자가 시사주간지 《시사IN》에 공개한 편지에는 '이런저런 추억이 쌓이고 노동법률상담소가 확고히 자리를 잡아갈 즈음인 1985년 말, 저는 잘하지는 못하지만 민주화운동의 현장에 있고자 하는 미련 때문에 노 변호사님의 사무실을 그만두었습니다'라며 시기를 밝히고 있다.

** 최병철을 지칭한다. 학생운동을 하던 시기에 노무현을 처음 만나 1984년 공해문제연구소 간사와 민주헌법쟁취 국민운동 부산본부(약칭 부산국본) 상임집행위원 등으로 활동했다.

공간에 있었다는 거예요. 내가 변호사 사무실 업무를 하지만 그런 후배들하고 같이 있으니까 나도 뭔가 도움이 된다는, 그런 뭐랍니까? 기대감이라고 하나? 뭐, 하여튼 자기 위안을 삼을 수는 있었어요. 같은 사무실에 공간이 있었으니까. 그런데 그런 와중에 중부교회에서 집회가 있었어요. 그때 우리 사무실에서 여직원하고 같이 집회 간다고 가방을 들고 가는데, 아니나 다를까 앞에 경찰 닭장차가 쫙 있더라고. 근데 사복경찰이 갑자기 툭 튀어나와 가지고 연행을 하네. 또 잡혀갔어요. 여직원하고 둘이 같이 보수동파출소 거기 잡혀가 있는데 '우리 여직원은 좀 풀어주라' 하니까 '니는 가라'고 해서, 여직원이 어쩔 줄 몰라하다가 사무실에 전화를 해서 '노 변호사님, 송 주사가 잡혀갔어요' 이래 된 거라. 그땐 제가 주사였어요. 그래 경찰들이 책가방 열어쌌고 하는데 노 변호사님이 바로 왔더라고. (얼굴이) 벌거니 헐레벌떡 쫓아왔어요. '영장 보자, 영장. 영장 내놔라' 하니까 경찰들이 '뭐야' 하고 묻죠. '변호사다. 영장 내놔라.' 경찰이 이 사람 누군데 그러냐고 하니까 '내 친구다, 와 잡아가는데!' 그래 따지셨죠. 하도 서슬 퍼래가지고 그러는 데다가 변호사라 하니까 경찰도 깨갱한 거지요. 그래가 내 직원인데 왜 데리고 갔냐고 항의를 하니까 '변호사님, 데려가십시오' 해서 바로 나오게 된 거예요. 근데 책가방에 《민주화의 길》이라고 민청련* 기관지가 있었네. 이걸 압수해

---

* '민주화운동청년연합'을 말한다. 1970년대 학생운동을 주도했던 청년들이 중심이 되어 1983년 9월에 설립했다. 민족통일, 부정부패 특권정치 청산, 냉전체제 해소 등을 목표로 하며 김근태가 초대 의장이었다.

야 되겠다는 거야. 그러니까 '병곤아, 이거 줘도 되지? 가자' 그래가 변호사님이 내를 급히 와서 구출했지요. 그래가 그때 노 주사라고 우리 직원이 운전도 하고 했는데, 그 자리에서 변호사님이 하도 성질이 나니까 '차 돌려라' 그래서, 빨간불인데도 바로 차 돌렸지요. 바로 사무실로, 부민동으로 차 돌리라 해서 오는데 경찰이 그걸 봤네. 불법 유턴, 신호위반. 띠또띠또 하고 따라와 가지고 딱지 바로 끊고, 그래가 쭉 가는데 경찰이 사무실까지 따라온 거야. 그래, 왜 왔냐 했더니 변호사인 줄 모르고 딱지를 끊었다는 거야. 미안하다고, 취소할라고. 그때는 변호사가 무게 좀 주고 살았을 때예요. 노 변호사님이 가시라고, 필요 없다고, 끊은 건 끊은 거라고, 가라고. 그때 참 변호사님이 불같이 화를 냈습니다.

다른 기억나는 일도 있으세요?

송병곤　변호사님하고 사무실에 있으면서 조국과 민족 이런 것에 대해 책을 읽고 같이 토론해보자, 그런 생각은 전혀 못 했지만 변호사님이 내를 끌고 집에 데리고 가고 했던 적은 많아요. 자기 변론할 것을 싸 가지고 갑니다. 그리고 같이 가재. 같이 가자면 안 갈 수가 없잖아요. 같이 갑니다. 가서 뭐합니까. 밥 얻어먹고 당신은 앉아서 내일 변론할 것 준비해야 하니까 막 글 쓰고 있다고. 그럼 뭐하는데,

나는? 멀뚱멀뚱 앉아가 재미도 없이. [웃음] 그런 경험이 있지만 변호사님하고 사회나 역사나 우리나라, 그때 흔히 뭐, 혁명이나 노동 현실이나 이런 걸 같이 놓고 이야기했던 적이 한 번도 없어요. 그걸 지금 생각해보면 억울하기도 하고 좀 변호사님에게 서운하기도 하고, 나는 왜 그랬을까 이런 생각이 들기도 해요. 지금 생각해보면 나도 참 철도 없고 숫기도 없었다···. 한편으로는 변호사님한테 서운하기도 하지만 양복 얻어 입었던 거나 이런 걸 보면 나를 참 많이 아껴주셨구나, 이런 생각이 지금은 들어요. 그때는 전혀 그런 생각을 못 했어요. 변호사 사무실 직원과 사장님 관계이기 때문에 그런 이야기를 쉽게 하기도 좀 어려웠던 게 아닐까 하는 생각도 들기는 들어요. 그런데 그래도 이제 노동법률상담소를 하고 나니까 더 현장에 가고 싶었던 거야. 내 역량이나 이런 건 나중 문제고, 그 곁에 가 있어야 마음이 좋겠어. 도저히 못 있겠더라니까. 하고 싶은 대로 한번 해봐야겠다는 생각이 들더라고. 그래서 그만둔다고 했지요. 변호사님이 많이 서운해하셨던 것 같아요. 그때는 몰랐는데 지금 생각해보면 좀 그랬던 것 같고, 그래가 내가 그만둔다고 친구들 불러서 거하게, '병곤이 니가 최고 좋아하는 친구 몇 명만 불러라. 맛있는 것 사줄게. 환송회 해줄게' 그래가 그때 아, 진짜 거하게 먹었습니다. 거하게 환송회 해주셨지요.

'부림사건'이란

부산에서 활동하고 있던 민주인사들을 체제전복집단으로 조작한 5공화국 최대의 용공조작사건 중 하나다. 1981년 7월부터 검거를 시작해 이듬해 4월까지 세 차례에 걸쳐 1만20명을 구속, 최장 60여 일에 이르는 불법 감금과 고문, 폭행을 행하였다. 당시 부산 지역 민주화운동은 크게 70년대 중부교회 등을 중심으로 한 자생적인 활동과 서울 소재 대학에서 운동을 하다 일시 귀향한 부산 출신 활동가들이 연결되어 1978년 4월에 만든 부산양서조합이 한 축을 이루고 있었고, 이와 관련을 맺으며 부산대학교 내에 비공개조직을 막 구축하고 있었던 학생그룹이 다른 한 축을 형성하고 있었다. 하지만 조직이나 체계 면에서 취약했고, 개인적인 연고 관계에 의해서 유지되고 있는 수준이었다. 당시 신군부는 집권 기반 강화를 위해 전국적으로 '한울회' '아람회' '금강회' 등 유사한 조직사건을 만들어 활동가들과 학생 및 재야의 민주화를 요구하는 싹을 철저히 제거하는 데 혈안이 되어 있었다. 부산의 경우 부마항쟁을 좌익단체의 사주에 의해 일어난 것으로 조작하기 위해 1979년 10월에 최성묵 목사, 김형기 등 수십 명의 재야인사와 학생들을 검거하였으며, 그 과정에서 민주화운동세력에 대한 개괄적 파악은 되어 있었다.

부림사건은 이 자료와 학림사건 조사 과정에서 드러난 일부 인사들을 엮고, 명칭도 '부산의 학림'이라는 뜻으로 '부림'이라고 붙여 조작해낸 사건이다. 이상록(부산대 졸, 선반공) · 고호석(교사) ·

송세경(회사원) · 설동일(농협 근무) · 송병곤(부산대 졸, 공원) · 노재열 (부산대 4년) · 김희욱(교사) · 이상경(부산대 1년) 여덟 명이 9월 7일 에 1차로 구속되었고, 10월 15일에 2차로 김재규(상업) · 최준영 (설비사무사) · 주정민(부산대 졸) · 이진걸(부산대 4년) · 장상훈(부산대 졸) · 전중근(공원) · 박욱영(부산공전 졸) · 윤연희(교사) 여덟 명이 구 속되었다. 이후 3차로는 당시 도피 중이던 이호철(부산대 졸) · 설 경혜(교사) · 정귀순(부산대 졸) 세 명이 다음 해 4월에 구속되었고, 1980년 5월의 유인물 살포사건으로 구속 중 강제징집되었다가 탈영한 김영(군인)까지 총 스무 명이 구속됐다.

구속자들의 면면을 보면 당시 부산의 재야활동가들, 학생운동 가들 그리고 초기 노동운동에 투신하여 조직화 작업을 시도하 던 운동가들을 망라하고 있어, 이 사건이 대대적 예비검속을 통 해 지역운동의 기반을 제거하려 했던 것임을 명백히 알 수 있 다. 이 사건과 곧이어 1982년 3월에 일어난 부산 미국문화원 방화사건으로 부산 지역운동은 치명적 타격을 입고 일정 기간 잠복하게 되지만, 이 사건 관련자들이 한꺼번에 출소하게 되는 1983년 하반기에는 상대적 유화 국면과 맞물리면서 부산 민주 화운동의 일대 전기를 마련해주는 계기가 되기도 한다.

출처: 《6월항쟁을 기록하다》 4권 15~16쪽,
(사)6월민주항쟁계승사업회, 민주화운동기념사업회 2007

통닭구이가 만든 공산주의자

　우리는 너무나 억울합니다.

　부림사건의 구속자 가족들은 이들을 읽으시는 여러분들께 억울한 우리의 마음을 호소하는 것이 아니라 우리의 억울한 사실을 호소하는 것이어 따라서 공감을 요구하는 것이 아니라 여러분의 냉정한 판단을 요구하는 것입니다.

　우리가 당한 「부림사건」이란 제목에서도 알수 있듯이, 다른 이, 장씨부부 어물상기 사건이나 의병경찰관 총기사건이나 미문화원방화사건등과 같이 제목 자체에서 사건내용을 알수 있는 것과는 대조적으로 당사자인 조차도 구체적인 사건내용을 알수 없는 모호하고 추상적인 성격이 조작사건 입니다. 물론 조작이 가능했던 것은 비밀스럽게 형태인 차마 언감으로서는 저지를 수 없는 무시무시한 고문이 있었기 때문입니다.

　81년 6월부터 이유도 모르고 강제 연행된 16명(추가3명)의 피고인들(이상록, 고호석, 송세경, 설동일, 송병곤, 노재열, 김희욱, 이상경, 김재규, 최준영, 주정민, 이진걸, 장상환, 전중근, 박욱영, 윤연희, 추가:이호철, 설경제, 정귀순)은 징역 7년, 5년, 4년, 3년 6월, 3년 6월, 2년, 집행유예 3년, 2년의 1심선고를 받은 부산소재판중에 있으며 (추가는 1심 재판중), 강제 연행으로부터 현재 재판까지 1년간의 사건처리 과정을 겪어 오면서 부당하고 무리하게 조작된 계획된 음모임을 명확히 알게 되었습니다.

　공소장에 명시된 피고인들의 활동내용을 보면

1. 대부분 가난한 환경속에서 살면서 보다 어려운 이웃들에 대한 관심과 사랑을 가진 것에 대해 새로부터 사회적 불평등에 대해 불만을 가지고 불온한 생각을 가져왔다고 규정하고 농락하고

2. 올바른 사회현실의 미약을 위해 개인 혹은 단체로 공부해온 것을 사회주의, 공산주의 사회의 실현을 목적으로 한 조직적 활동으로 매도하고

3. 자연스런 친구들과의 만남, 명절, 제모임, 친목회, 결혼축하회, 망년회, 이상긴 방문하지도 사회의 불온을 야기시킬 우려가 있는 집회로 인정, 집회의식 위반이라는 것이며

4. 친구와 술이 만나 나눈 사람들의 내용이 바로 반정부적, 반국가적 사상의 표현으로 몰아 국가보안법 위반이라 했으며

5. 부산지방의 낙후된 문화를 발전시키고자 만들었던 한편 개방적인 모임인 양서조합, 금요모임, 야학들을 파정의식과 운동으로 모략하고 했고

6. 대학교양, 또 시중의 인기난 서점에서 구입한 책이나 학교 도서관에서 대출한 책들을 불온서적으로 취급하고 활동 및 소지 자세가 없이라 하는 식의 내용들로 되어 있습니다.

　상식적으로 생각해봐도 이들이 한 일이란, 조국의 현재와 미래를 염려하는 지식인으로서 정치, 경제, 사회, 문화 등 사회전반에 걸친 문제들에 대해 국민의 권리와 의무로써 관심을 가려온 것에 불과하고 올리적 힘에 의한 정권교체의 악순환과 같이던 사건에서 중명됨듯이 독재종주의 부정부패의 정치요소들을 건설으로써 매판한 건전한 국가질서를 위해 참여되고 반영되어야 할 것들을 해온 것입니다. 이런 기본적인 국민으로서의 사회에 대한 관심과 건설적인 비판을 부정하고 불온시하는 당국이야말로 반국가적 행위라고 생각할 수 있는 것입니다.

　16명이 약속이나 한듯이 거거의 같은 행동의 목적이 사회주의, 공산주의 사회 실현에 있다고 자술된 벌써 뻔히 조사는 온갖 고문으로 인한 우리의 남녀와 자식들의 피와 땀, 그 자체입을 재판과정을 통해 알게 되었습니다. 모진 매와 고문에 버티다 쓰러진 그들이 조사의 날말 하나하나를 피와 상처로 찾아 넘긴 것입니다.

　경찰과 검찰에서는 물론 1심의 재판에서 조차 이들의 최후진술 진실이 반영되지 않은 연약함속에서 민주주의자가 공산주의자로 만들어지기까지의 과정을 참심으로써 통닭구이가 만든 공산주의자임을 증명하려 합니다.

1. 연행에서부터 경찰은 별짓다못 했습니다. 합법적 절차인 구속 영장 제시도 없이 대부분 자신의 집, 출근길 근무지, 친구집 등에서 거짓되이 강제 연행되었는데, 3~4명의 건장한 사복형사들로부터 이유도 모르고 보자기로 눈을 가리채 알지 못하는 곳으로 끌려 갔었습니다. 밤이면 인정받 길어기던에 흥겨들 지은 자들이 경정당부의 집법 절차에 따라 연행할 일일데에 왜 이런 비밀스럽고 불법적인 연행, 감금이 필요했었다 논치요?

　법적으로도 남보다 못하는 부당한 고문이 이들을 옳별고굴의 기갑은 짧고 1달이나 됩니다.

2. 피고인들의 1심 최후진술과 탄소이유에서 합친, 허위 자술서를 쓰게되기까지의 수사상의 고문은 강요당한 시나리오 매우 역할의 환상은 이러합니다.

　강제 연행되어 끌려온 곳은 일체로 로그만 방이었는데(정보2과 대문분실)그밖에 들어 날자마자 3, 4명의 건장한 청년들이 들어와 그곳은 쑝도 형청소라고도 하며 국회의원, 법관, 교수 어느 누구라도 와서 때는 곳이로 죽어나가도 모르게 만들 만들으면 바닷물에 던져버린다며 하면서 무슨 사상을 가진 ~주의자냐는 질문을 던지며 민주투의자라 하니 무조건 구타하기 시작했습니다.

　1~2일간 밤낮도 없이 짧에도 때리어 구둣발도 온몸을 짓이겼고 떡에 기대어 놓고 막히는대로 패면서 공산주의자임을 자백하도록 강요했으나 별번이나 실신되도록 민주주의자라고 버텨 왔습니다. 그후 민주학생연맹, 민주노동연맹사건의 구속자들이 손 불어나는, 친구들의 매어 못이지 작성된 자술서가 갈망마다 날아들어오면서 사회주의, 공산주의를 만들어가는 작업들은 보다 구체화되고 파격한 용어들을 강요하며 빼앗을 수 없는 권리가 고문소리가 있다고 곤신이하는 탐당 수사관들의 시약도 끝도 없이 더해가는 중가지의 고문은 정말 생명도 아랑곳되지 않을 사람들입을 확신하게 주었고, 육에 만천되어 버린 기문들이든 구타하는 수사관들의 소행앞에 자존심도 인격도 이미 없어져 버렸고 사회주의자라게든 공산주의자라든, 생명반이라도 건져야겠다고 생각하게 되었답니다.

　고문중에서도 제일 끔찍했던 고문이 "통닭구이"라는 것이었는데 이는 통닭이 아닌 사람을 바닥에 엎드리게한후

1982년 6월 부림사건 구속자 가족들이 작성·배포한 호소문.

호 소 문

　"아침 새벽에 눈을 가리운 채 승용차에 실려 끌려가 '무슨 주의자야' 라
는 물음에 '민족주의자' 입니다. 라는 대답을 막자 정신없이 고문을 가하면
서 '너는 민족주의자가 아니라 공산주의자야 때려운 빨갱이 새끼!' 라는
□갖 욕설과 함께 수시간 계속된 고문이 끝내 눈을 뜨니 없이 피가 맺혀 있
□고 제가 계속 공산주의자가 아니라는 걸 주장하자 약 15일에서 20일간을
'계속 구타만 하면서 '공산주의자' 라는 걸 인정하도록 강요 받았습니다."
　"23세의 나이로 이제 청춘이 끝나는 구나 하고 생각됐었읍니다."
　"□갖은 고문중에서도 소위 '통닭구이' 라는 고문이 가장 무서웠고 그로인
　현재 밥□이 없어지고 허리뼈는 다 부서졌으며 아직 이깨를 잘 못씁니
다." "갖은 구타, 물고문(소위 수도공사), 온갖 인격적·정신적 모독을 다
한 후는 다음날 제가 살아서 숨을 쉬고 있을 자신이 없어졌읍니다."
　"병신되어 살아가느니 보다 차라리 허위를 인정하고 징역살이 멎는 게 □는
　낫다고 생각했읍니다."
　"거꾸로 매달려 온갖 고문을 당하고 나서는 이렇게 거짓된 세상에 살기보
□ 차라리 죽는 게 나을것 같아 제 자신이 스스로 머리고 벽에 박았습니다"
　"무엇보다 참기 어려웠던 것은 옆방에서 끊임없이 □□□ □□□□□ 비
　소리였고 조사가 끝난 후에도 수사관이 술에 취해 들어와 온 몸을 둘아
'니며 구타하는 것이었읍니다."
　"요구대로 인정하지 않으면 제 처와 친구를 구속하겠다고 했습니다."

　　이는 우리의 사랑하는 남편과 아들들이 법정에서 □□ 수사관이 지켜보는
가운데 진실을 토해내는 □□□ 말들이었읍니다.

　　준엄하신 판사님의 정숙하라는 지시에도 불구하고 우리 구속자 가족들은
사뭇 몸이 떨리는 속에 흘러내리는 눈물과 복받치는 오열은 참기 못했습니다.

[사료번호 69027]

1982년 1월 부림사건 구속자 가족들이 작성·배포한 호소문.

II
민주화투쟁 현장에서

고호석 I 이호철 I 전점석

2장 '민주화투쟁 현장에서'는 부림사건 변론으로 시작해 반독재투쟁의 중심으로 향하는 노무현의 행적이 담겨 있다. 2장과 관련한 노무현의 이력은 1984년 8월에 부산환경운동연합의 전신인 공해문제연구소 이 사로 참여하는 데에서 시작한다. 당시 노무현은 자신의 변호사 사무실 공간을 내어줘 공해문제연구소가 들어서도록 했다. 다음 해인 1985년 5월에는 80년대 부산 지역 민주화운동의 대표조직인 부산민주시민협 의회(부민협) 상임위원을 맡으며 민주화운동에 본격 뛰어들었고, 1987 년 5월에는 민주헌법쟁취 국민운동 부산본부 상임집행위원장으로 6월 항쟁을 가로질렀다.

고호석, 이호철, 전점석의 구술은 그 과정에 대한 구체적인 증언이다. 때로 특정되고 때로 특정되지 않지만 세 명의 구술 모두 2·7(고 박종철 국 민추도회), 3·3(고문추방 민주화국민평화대행진), 6·10(박종철 고문살인 은폐규탄 및 호헌철폐 부산시민대회), 6·18(최루탄 추방의 날), 6·28(시민대토론회) 등 1987년 부산 민주화운동의 주요 장면과 그 현장에 있는 노무현이 등장한다.

부림사건, 한 사람이 변화한다는 것

구술자 고호석은

1956년 부산에서 태어났다. 1976년 부산대학교 영어영문과에 입학, 1978년 양서협동조합 창립회원으로 활동하고, 1979년 부산대학교 법대에 재학 중이던 이상록 등과 함께 '사랑공화국' 또는 '도깨비집'으로 알려진 학내 서클을 결성하는 등 민주화운동에 뛰어들었다. 1980년에 대학을 졸업한 후 부산 대동고등학교 영어 교사로 부임했으나 이듬해 8월에 벌어진 부림사건에 연루돼 강제 연행됐다. 변호사 노무현과 인연이 시작된 계기이기도 했다.

최종심에서 6년 형을 선고받고 2년 반의 수감 생활 끝에 1983년 12월 특별사면 된 이후 부산민주시민협의회 사무차장, 민주헌법쟁취 국민운동 부산본부 사무국장 겸 상임집행위원으로 '노변'과 부산 민주화운동의 현장을 지켰다.

1988년 9월 교단으로 돌아와 전국교직원노동조합 활동에 참여했으며 전교조 부산지부장, 부산민주공원 상임이사, 6·15공동선언실천 남측위원회 부산본부 대표 등을 지냈다. 2015년 현재 부산시교육청 시민교육협의회 부위원장을 맡고 있다.

● 1981년 8월 2일, 외삼촌 댁에 다녀오던 그의 앞을 형사 셋이 막아섰다. '고호석 씨가 맞냐'는 말에 대답할 겨를도 없이 눈이 가려진 채 차에 실려 대공분실로 끌려갔다. 만 36일을 불법 감금된 상태에서 통닭구이 등 모진 고문과 폭행을 당했다. 구속된 이후에도 유치장과 구치소에서 50여 일을 더 지낸 후에야 가족 면회와 변호사 접견이 허용됐다.

이즈음부터 시작하는 고호석의 구술은 대단히 꼼꼼하고 상세하다. 날벼락같이 당했던 청년들의 고문 사실만큼이나 그들이 읽은 《전환시대의 논리》 등의 책에서 깊은 충격을 받고, 접견 자리에서 그리고 재판정에서 새로운 사람이 되어가는 노무현의 모습이 생생하게 재현된다. 변론 과정에서 '열변을 토하다가 자기감정을 삭이지 못해서 고개를 푸욱 숙이고 잠시 말을 이어가지 못하는 그런 장면'이 눈에 그려질 만큼 생생하다. 노무현사료관(http://archives.knowhow.or.kr)에 일부를 공개한 고호석의 구술편집영상은 방문자들이 가장 많이 본 자료이기도 하다.

고호석과 구술 면담은 2012년 2월 3일, 2월 16일 두 차례에 걸쳐 전교조 부산지부 사무실에서 진행됐다. 이번 구술은 1차 면담 내용을 발췌·정리한 것이다.

부림사건과 노무현 변호사와의 만남에 대해 듣고 싶습니다.

고호석 저 같은 경우는 1981년 8월 2일에 강제 연행됐는데, 정식 구속영장이 발부된 건 9월 7일이에요. 그러니까 만 36일을 대공분실에 잡혀 있었고 유치장에서 20일을 있었는데, 그동안 가족을 포함한 아무도 면회가 안 됐어요. 그리고 부산구치소로 넘어갔는데 거기서도 30일 동안을 검사들이 붙잡고 있었어요, 법원으로 기소하지 않고. 그동안에는 사실 누구도 면회가 안 됐어요. 저희는 대공분실에서부터 외부 사람을 일절 만나지 못한 상태로 엄청난 고문과 폭력에 시달리다 보니까, 몸도 만신창이가 됐지만 정신적으로도 진짜 너덜너덜한, 영혼이 너덜너덜해져 있는 상태였거든요. 극도로 위축되어 있었고. 그 당시 교도소에 갇혀 있을 때는 밤마다 꿈을 꾸는 거예요. 제가 어딘가에 있는데 저놈들이 왕창 덮치러 오면 깜짝 놀라서 잠을 깨요. 벌떡 일어나면 고도의 빈혈에 시달리고 있었기 때문에 아무것도 안 보이고 눈앞에 별이 반짝반짝하면서 머리가 뜨끈뜨끈해지는 그런 경험을 매일 했습니다. 그러면서 사실이 아닌 것을 불어버릴 수밖에 없었던 자신에 대한 자책감, 자괴감 이런 게 엄청나게 컸고, 또 내 입에서 이름이 나갔던 동지들에 대한 미안함 이런 것도 있었죠. 정말 말도 안 되는 이야기를 이른바 자백이랍시고 해버린 운동가 고호석에 대한 자괴감이라는 것은 이루 말할 수가 없어요. 그 당시 '이제 나가면 운동 안 한다, 쪽팔려서라도 못한다' 하는 것과 엄청난 공포, 위압감 때문에 이제는 할 자신도 없고, 다시 하다가는 진짜 죽겠다는 생각이 많이 있었지요. 그렇게 고도로 억압되어 있었던 상태에서 재판으로 넘어가면서 가족 면회가 허용됐어요. 우리 아버님이 처음 면회 와서 하셨던 첫 말씀이 지금도 기억이 나요. 그 긴 기간 동안, 아마 그해 말쯤 거의 다 되었지요. 그러니까 8월 2일에 어딘가로 잡혀가서 한 석 달 이상을 전혀 못 보다가 만나가지고 '니, 경찰이 얘기하는 게 맞나?' 이게 아버지 첫 질문이셨어요. 얼마나 황당했겠어요? 그 이전에도 경찰에 여러 번 잡혀가고 했기 때문에 아버지는 제가 운동하는 사실을 뻔히 알고 있었지만, 그래도 공소장에 적혀 있는 엄청난 사실과 수괴(首魁)라는 것 때문에 아버지의 충격은 이만저만이 아니었지요. 그리고 면회를 몇 번 오시면서 변호사를 구하려는데 '너희 숫자가 너무 많아서 쉽지 않다'고 하시더라고요. 게다가 김광일 변호사를 우리 공소사실에 엮어 넣고 '당신이 변론을 하겠다고 나서면 여기 같이 집어넣겠다' 그러면서 변론에 나서지 못하게 막았죠. 그러니까 그때까지 부산에서 인권사건을 해본 사람이 이흥록* 변호사 단 한 사람밖에 없어요. 그럼 다른 데에서 변호사를 다 불러와야 하는데 그 당시 상황이라고 하는 것이, 서울에 있는 분들은 서울 사건 담당하기 바빴고 타 지역에는 인권변호사 없기가 부산이나 마찬가지인 판국이었죠. 그래서 모색을 하던 중에 김광일 변호사가 자기 사무실에 변호사 시보를 하러 왔던** 노무현이라고 하는 사람이 정의감도 있고 괜찮

---

* 1970년대부터 부산 지역을 대표해온 인권변호사이자 민주화운동가로 이 책에서 자주 거론된다. 노무현과 부산 공해문제연구소, 부산민주시민협의회, 민주헌법쟁취 국민운동 부산본부에 참여했으며, 참여정부 시절 국가인권위원회 인권위원을 역임했다.

** 노무현은 사법연수원 시절에 김광일 변호사 사무실에서 3개월간 시보 생활을 했다.

은 친구니까 그 양반하고 한번 해봐라, 이렇게 얘기를 한 거죠. 이 홍록 변호사님 입장에서도 열아홉 명이나 되는 피고인을 혼자 다 면회하고 맡을 수가 없었기 때문에, 본인이 어쨌든 큰 줄기는 치고 나갈 테니까 이름을 좀 걸어달라고 해서 이렇게 저렇게 넣은 변호인단 중에 노무현 변호사도 들어 있었던 거예요. 뒤에 노 변호사가 저한테 한 이야기를 옮기면, 당시에 김광일 변호사로부터 변론을 좀 맡아달라는 말을 들었을 때 그분 생각은 '철없는 학생들이 까불다가 왕창 엮었구나. [웃음] 그 시국 상황에서 무죄로 나온다는 건 어차피 어려우니까 기본적인 요식행위 정도로 면회라도 좀 가주고 기본적인 변론 정도는 해줘야겠다' 그런 정도였대요. 자기 인생을 이렇게 확 바꿀 거라고는 생각도 못 하고 쉽게 맡았다 그래요. 그렇게 변호사 진영을 짜다 보니까 검찰이 수괴라고 지목한 이상록 씨를 이홍록 변호사가 맡았어요. 그다음에 노 변호사가 젊기도 하고 정의감도 있고 이런 분이니까 이분을 두 번째로 놓으면서 수괴 2번이었던 저하고 송병곤 씨, 나머지 2차에서 박욱영 등을 맡게 한 거지요. 그 구성도 노무현 변호사님한테 좀 영향이 있었다고 봐요. 아마 노 변호사님을 저 뒤쪽으로 빼가지고 다른 분들을 맡게 했으면 또 어떻게 됐을지 잘 몰라요. 근데 어쨌든 상당히 비중 있는 역할로 들어오셔서 저하고 송병곤이라고 하는 사람을 변론하게 되면서 많은 고민을 하시게 되는 계기가 된 거라고 보지요. 그래가지고 어느 날 이제 변호사 접견을 왔다는 얘기를 들었지요. 가 보니까 제가 옛날에 봤던 약간 촌스러운 분이 와 있더라고요. 저는 예전에 한 번 서점에서 노 변호사를 본 적이 있었거든요. 그 당시 변호인 접견은 유리창이 없는 곳에서 바로 만나요. 그러나 옆에 기록하는 사람이 있지요. 저희는 아주 위축되어 있는 상태였기 때문에, 변호인하고 이야기하는 걸 옆에서 다 적고 있어서 무슨 얘기라도 아주 조심스럽게 했어요. 어쨌든 노 변호사님이 처음 우리를 볼 때는 아까 얘기했던 것같이 '철없는 학생들' 이렇게 생각하고 있었기 때문에 약간은 좀 어리게 보는, 그런 기색이 역력했어요. 그런데 제가 학생도 아니었고 떡 보니까 교사거든. 나이는 스물여섯 살이었으니까 젊지만 그래도 약간은 조심을 하셨고, 면회를 하면 할수록 '아, 요거 봐라' 하는 느낌을 가졌을 거예요. 왜냐하면 처음에는 위축돼서 말도 못 하고 이러다가 시간이 조금씩 지나면서 우리가 서서히 기운을 차렸거든요. 그러면서 변호사님한테 '이건 정말 엄청난 왜곡이고 사기다. 우린 진짜 개 맞듯이 맞고 고문당했다' 이런 얘기를 한 거죠. 제가 고문을 당하면서 통닭구이*를 당했는데 그러면서 발톱이 하나 죽었어요. 왼쪽 발톱이 하나 죽어가지고 썩어들어 가니까 저

---

* 〈통닭구이가 만든 공산주의자〉라는 문서에는 다음과 같이 자세히 묘사되어 있다. "고문 중에서도 제일 끔찍했던 고문이 '통닭구이'라는 것이었는데 이는 통닭이 아닌 사람을 바닥에 엎드리게 한 후 발바닥, 발가락을 세운 후 손등, 손바닥을 수없이 난타한 후 마치 통닭이 전기 철봉에 매달리 듯, 끈으로 손과 발을 묶은 후 손과 종아리 사이로 굵고 긴 몽둥이를 가로질러 놓고는 공중에 매달아 놓고 손, 발, 머리 등 닿치는 대로 때리고 문지르는 것인데 이 통닭구이로 발톱이 다 빠져 달아났고 온몸은 가지처럼 보랏빛으로 변해 헤어져 있었고 제대로 걷지도 못해 무릎으로 엉금엉금 기어야 했답니다." 1982년 6월 생산된 이 문서에는 부림사건 구속자 가족 일동이 억울함을 호소하며 2심 재판부에 올바른 판단을 요구하는 내용이 담겨 있다.

놈들이 의사를 불러서 치료를 했는데 그 발톱이 결국 교도소에 가서 완전히 쑥 빠지더라고. 그걸 휴지 같은 데 잘 싸서 숨겨놨다가, 접견 왔을 때 노 변호사님한테 드렸어야 되는데 그걸 별생각 없이 버렸어요. 그게 천추의 한이 되지요. 어쨌든 그런 얘기도 했어요. 맞았고 발톱이 빠졌다니까 보자고 하는데, 양말을 벗으면 이 발톱 자체가 없잖아요. 그 모양을 그대로 보게 된 거죠. 취조가 끝나고 난 뒤에는 안티프라민으로 마사지도 하고 병원 의사들을 불러서 치료도 하고 이렇게 한 데다, 우리를 석 달 이상 철저히 격리시켜놨기 때문에 그때는 이미 맞은 흔적 같은 것은 별로 없었어요. 그렇지만 발톱이 빠진 자리는 어떻게 숨길 수 없는 생생한 증거가 되는 거죠. 그런 걸 보면서 변호사님도 충격을 많이 받았어요. 자기는 어쨌든 참 잘난 변호사잖아요? 그 어려운 가운데 공부해서 사법고시에 합격하고 판사도 잠시 하다가 변호사로 왔는데, 자기가 수호하려는 대한민국 법체계라는 것이 이렇게 공권력에 의해서 어이없이 유린당하고 아무것도 안 지켜지는 거죠. 형사소송법이고 뭐고 아무것도 안 지켜지는 거예요. 엄연한 증거를 바로 눈앞에서 본 거죠. 그리고 이제 저희는 정말 처참하게 찌그러져 있던 모습에서 조금씩 기운을 찾으면서 눈에 형형한 빛이 돌아오고, 그러면서 아주 확신에 차서 이 공소사실은 완전히 엉터리로 만든 거라는 얘기를 당당하게 하는 거죠. 노 변호사님이 공소장에 나오는 책들을 보면서 '이런 책들이 그래 좋나?' 하고 물으면 《전환시대의 논리》《우상과 이성》* 《후진국경제론》** 《민족경제론》*** 이런 책들은 변호사님이 저희를 변론하시려면 반드시 읽으셔야 됩니다. 이거 안 읽으면 안 됩니다' 그렇게 권했지요. 그래서 노 변호사님이 '진짜 변론을 하려면 이 친구들이 읽은 책을 한번 보긴 봐야겠다' 이렇게 생각했겠지요. 그래서 처음에 《전환시대의 논리》를 보면서 엄청난 충격을 받으셨다고 그래요. 그걸 읽고 우리한테 오셨는데 그 표정이 장난이 아니더라고요. 상당히 충격을 받은 그런 표정이었고, 지금도 기억나는 건 《후진국경제론》 같은 경우에는 밤을 새워 읽었다고 들었어요. '그 책이 참 재미있더라, 정말 세상을 확 거꾸로 뒤집어서 보게 하는 그런 책이었다' 그런 말씀을 하셨죠. 물론 다른 책도 그 이후에 많이 읽으셨지만 특히 이 두 책은 변호사님이 확실히 우리 편에 서는 결정적인 계기가 된 책이다, 그렇게 봐요. 그러면서 책과 관련된 얘기, 우리가 고문받았던 이야기, 또 사회에 대한 너희 진짜 생각은 뭐냐, 이런 얘기를 많이 나누게 됐지요. 어쨌든 우리의 사고나 논리체계 자체가 그 당시만 하더라도 그렇게 정연하게 정리되어 있지는 않았기 때문에, 노 변호사님은 약간은 긴가민가하면서도 우리 말이 기본적으로는 진실이다 이렇게 받아들이셨던 것 같고, 그런 기저에서 변론

---

* 《전환시대의 논리》의 속편 격인 책으로 1977년에 출간됐다.

** 조용범 교수의 이름으로 1973년에 출간됐다. 근대경제학적 입장에서 저개발국 경제이론의 한계를 비판한 책이다. 자본주의도 사회주의도 아닌 제3의 후진국 경제개발모델로 민족혁명을 제시했다.

*** 박현채 선생의 저서로 1978년에 처음 출간됐다. 구성원이 인간다운 삶을 누리기 위한 경제 논리와 자립적 민족경제 확립에 대한 담론이 담겨 있다.

에 임하셨죠. 그래서 철저히 우리 편이 되어주셨어요.

접견은 자주 오셨습니까?

고호석　　변호사님은 바쁘니까 그렇게 자주 오셨다고 할 수는 없어요. 그런데 '저희가 한번 봤으면 좋겠다'고 했을 땐 가능하면 오셨죠. 다른 사건의 경우에는 변호사 접견을 하면 재판하기 전에 한 번 딱 만나요. 첫 재판에서 한 번 오고 결심(結審)하는 날 보면 끝. 대부분 이렇게 가요. 그런데 우리 경우에는 사건도 워낙 크고 서류도 이따만 하고 복잡하니까 그럴 수도 없고, 또 우리가 워낙 가족 외에는 접견도 잘 안 되는 상황인 데다 변호사님도 책을 읽고 받은 새로운 느낌도 있었겠죠. 보통 변호사들이 월요일 또는 토요일에 교도소를 와요. 그날은 보통 재판이 없거든요. 그러니까 노 변호사도 별일 없으면 그때 교도소에 와서 매주 우리를 불렀어요. 특별히 많은 얘기를 하지 않더라도 하여튼 오기만 하면 저나 송병곤 씨를 거의 매번 불러서 잠깐이라도 보고 갔죠. 그러면 우리는 어쨌든 갇혀 있던 방에서 나와서 변호인 접견실까지 가고 좀 풀린 상태에서 이런저런 얘기라도 할 수 있으니까, 그런 여유라도 주자는 마음도 있었던 것 같아요. 또 우리가 변화하는 모습, 그리고 본인이 보고 느낀 생각을 우리하고 얘기하기 위해서 자주 왔죠. 어쨌든 항소심이 끝날 때까지는 꽤 자주 본 셈이에요. 다른 사건의 경우하고는 매우 다르다고 볼 수 있죠.

재판에 임하는 전략이랄까, 그런 것도 세우셨나요?

고호석　　법정투쟁, 이런 개념은 애시당초 없었어요. 구속자들끼리 만나서 이야기할 기회도 없었죠. 검사 취조를 받으러 가기 위해 버스에 태울 때 빨간 명찰을 단 부림사건 관련자들을 제일 먼저 태워요. 뚝뚝 떨어지게 앉히고 그 옆에 교도관 한 명 붙이고 해서 일절 얘기를 못 하게 했거든요. 그러니까 버스 타기 전에 같이 모여 앉아 있는 상태에서 앞뒤로 명찰 가리고 '어쩌면 좋겠노, 재판을 어찌 받으면 좋겠노' 이런 얘기를 간간이 짤막짤막하게 하는 정도였죠. 그래서 검사 취조를 받는 과정까지는 우리 태도가 결정이 안 되어 있었어요. 이제 재판을 받으러 가서 최종적으로 공소사실을 전면 부정하는 걸로 저희끼리는 입장을 정했지요. 검사들은 우리가 법정에 가서 부인할까 봐 겁을 많이 줬어요. '만약 너희가 법정에 가서 부인하면 반국가단체조직으로 몰고 갈 거니까 각오해라' 이런 식으로 협박을 많이 했지요. 사실 검찰은 그렇게 하려고 무지 노력을 했는데 끝내 안 됐어요. 이건 뭐, 아무리 엮어봐도 반국가단체가 되려면 하다 못해 강령이든 뭐라도 있어야 하는데, 단체명도 제대로 없어가지고

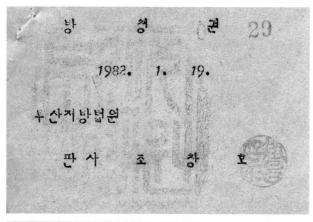

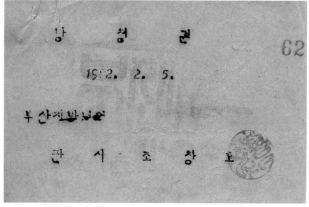

[사료번호 72366/72367]

1982년 1월 19일, 2월 5일자 부림사건 재판 방청권.

'사랑공화국'이니 '도깨비집'이니 이러고 앉아 있는 걸 무슨 반국가단체로 끌고 가겠어요. 그냥 우리한테 협박용으로 말한 거죠. 아무튼 그 이후에는 이상록 씨가 첫 신문 대상이었는데 처음부터 '아닙니다, 아닙니다, 아닙니다' 이렇게 부인하는 걸로 쭉 갔지요. 검찰이 되게 당황했고 중간중간에 우리를 불러서 협박도 좀 했어요. '다시 대공분실 갈래?' 이런 거부터 시작해서. 그렇지만 그때는 이미 가족 면회도 다 되고, 재판이 시작돼서 변호인들하고도 이야기가 진행되고 있던 상태였기 때문에, 그렇게 할 수도 없었고 그냥 단순 협박이란 것을 알았죠. 그때는 이미 우리도 몸과 마음이 상당히 회복돼 있는 그런 상태여서 좀 이성적으로 판단을 할 수 있었습니다.

재판 과정 중에서 기억에 남는 장면이 있으십니까?

고호석   저희가 처음 생각했던 것하고는 180도 달랐지요. 우린 그냥 변호할 사람이 없으니까 도와주는 정도의 역할을 하실 거라고 봤는데, 인권변호인의 새로운 전기를 만든 그런 변호사다, 이렇게 말할 수 있어요. 대다수의 변호사는 그냥 도와주고 지원해주는 사람이었지 같은 편은 아니었어요. 쉽게 얘기하면 한패는 아니었어요. 그런데 노무현 변호사님은 재판을 시작하고부터는 우리와 한편이었어요. 거의 공범 수준이 돼가지고 변론을 한 거지요. 그러다 보면 우리는 비교적 차분한데 노 변호사님이 검사의 공소사실, 질문 또는 판사의 언급에 대하여 '어떻게 그게 말이 됩니까?' '어떻게 그럴 수가 있습니까?' 이러면서, 감정적으로 격앙돼서 큰소리를 내기도 하고 재판장으로부터 제지를 당하기도 하고 그랬거든요. 그래가지고 정말 한 번씩은 막 열변을 토하다가 자기감정을 삭이지 못해서 고개를 푸욱 숙이고 잠시 말을 이어가지 못하는 그런 장면도 있었어요. 뒤에 변호사님한테 들었는데, 판사가 사적으로 만나는 자리에서 '어쩌려고 그러냐, 쟤들 빨갱이다. 저 빨갱이들 편을 들어서 어쩌겠다는 거냐, 당신이 위험하다. 조심하면 좋겠다' 이런 이야기를 했다고 하더라고요. 재판이 보통 아침 10시에 시작하면 오후 늦게 끝나고 대부분 그랬는데, 검사나 서적 감정한다고 나온 친구들은 말도 안 되는 소리 막 해대지요, 판사는 앉아서 자다가 한 번씩 깨가지고 또 말도 안 되는 소리 하지요, 이러니까 변호사님 같은 경우에는 엄청 답답했겠지요. 시국사건은 처음이니까. 아무리 그래도 할 말은 하고 서로 말이 되게 가야 될 거 아니냐, 나중에 판결이야 어떻게 나오든 그건 다음 일이고 최소한 진행 자체는 재판이 되게 해야 하지 않겠냐, 이런 분노가 아주 컸죠. 더더군다나 이런 상황에서 '변호사라는 게 도대체 뭐하는 거냐, 참 말도 안 된다' 하는 자괴감이 아주 컸던 것 같아요. '내가 도대체 뭐하고 있는 건지 모르겠다' 하는. 그런 장면이 좀 기억나고요. 그리고 서적 감정했을 때 교수들이 나와서 말도 안 되는 소리를 하는 거예요. 이 책 자체는 그런 책이 아니지만 편향된 시각으로 특정한 목적을 갖고 보면 이럴 수도 있다, 또는 책 전체는 아니지만 몇몇 구절은 감수성이 예민한 젊은 사람들이 보면 이렇게 이해할 수도 있다, 그래서 이게 불온서적이 될 수 있다는 식으로 감정을 한 거예요. 그럼 여기에 대해서 노 변호사님이나 우리 변론인들 수준에서는 반론을 못 해. 할 수가 없어. 서적 감정한 사람하고 검사하고 얘기가 끝나고 '변호인, 할 말 있습니까?' 이렇게 묻거든요. 그럼 변호사님이 그중에 말도 안 되는 이야기가 있으면 '그러니까 특정하게 잘못 판단하면 그럴 수도 있다, 이 말이지요' 이 정도 짚어가고, 우리보고 '피고인, 할 얘기 있습니까?' 묻는 거죠. 그러면 우리가 나서서 '그럼 그 셀리그먼(Edwin Robert Anderson Seligman)•이라는 사람이 자본주의 천국이라는 미국에서 재정학회 회장을 한 사람이라는 걸 아십니까?' 이렇게 묻죠. 그럼 서적 감정했다는 사람이 명색이 교수인데 안다고 해야 될 거 아니에요. 그럼 또 우리가 '그 사람이 쓴 글 중에 유물사관과 경제사관은 엄밀히 다르고 유물사관은 옳지 않다고 비판하는 이야기가 나와 있는 걸 혹시 아십니까?'라고 묻죠. 그런 내용이 있으니까 또 안다고 해야 할 것 아닙니까. 그래서 '이 책이 어떻게 우리로 하여금 유물사관을 갖게 하는 책이 될 수 있다고 생각하시는지 얘기해주십시오' 하면 '책이 그런 건 아니지만 특

• 미국의 경제·재정학자로 공공재정 전문가이자 경제사상사의 권위자다. 미국경제학회 창립 멤버이기도 하며, 대표 저서로 《과세의 이전과 범위》 《누진세의 이론과 실제》 등이 있다. 부림사건에서 불온서적으로 문제가 된 《경제사관의 제문제》는 경제사관의 역사와 이에 대한 비판을 담고 있다.

별한, 나쁜 목적을 가지고 보면 그럴 수도 있다는 얘기다' 그래. '우리가 꼭 그런 목적을 가지고 봤다고 하는 증거가 어디 있습니까?' 이렇게 막 치고 들어가는 거예요. 변호사님은 그렇게 판을 깔아주고. 그러다 재판이 많이 길어지니까 판사도 고되잖아요? 그러니까 중간에 한 번씩 휴정을 해요. 휴정을 하면 노 변호사님은 우리한테 와가지고 '야 이럴 때 보니까 변호사 필요 없다, 그쟈? 당신들이 다 해라' [웃음] 이런저런 얘기도 잠깐 하시고 그랬던 게 기억나고요. 1심이 끝나고 나중에 2심, 항소심 올라갔을 때 기억이 많이 남아요. 그러니까 1심 결심이죠. 그때 결심을 예상치 못하게 하게 됐어요. 재판 기일이 아주 촉박해가지고 일주일에 한 번씩 당겨가면서 하기도 했지만 워낙 할 게 많이 남아 있었거든요. 그래서 그날 결심을 할 거라고 생각 못 했는데 1심에 법정 구속할 수 있는 기간이 딱 6개월이거든요, 지나면 우릴 풀어줘야 할 판이라. 그러니까 판사가 '오늘 결심하자' 이러더라고요. 우리는 최후 변론, 최후진술 준비 하나도 안 해 갔고 변호사님도 준비가 하나도 안 돼 있었어요. 안 된다고 했지만 무조건 간다는 거예요. 그래가지고 그날 새벽 2시까진가? 재판을 했어요. 저도 화가 많이 났지만 비교적으로 차분하게 최후 변론을 했어요. 그래서 가족들이 막 박수도 치고 그랬죠. 근데 변호사님은 원래 서면으로 최후 변론을 준비해서 제출해야 하거든요. 그런데 그때는 그날 돼서야 부랴부랴 준비를 해야 되니까 참 어려웠죠. 그러다 보니까 감정적으로 많이 격앙됐어요. 그래서 판검사에게 많이 제지를 당하기도 하면서 최후 변론을 했어요. 그러니까 가족들 입장에서는 '저러다가 원래 판사가 구형하려고 했던 것보다 더 많이 때리겠다. 도대체 변호인이 피고인들 형량 줄여주는 데에는 관심이 없고 피고인들 편을 들어서 피고인보다 더 과격하게 이야기하니 저러다 3년 받을 걸 5년 받고, 5년 받을 걸 7년 받고 이렇게 되는 거 아니가' [웃음] 하면서 가슴이 졸여가지고 어쩔 줄을 몰라했어요. 특히 우리 아버님 같은 경우 '저거 변호인 저래도 되나' [웃음] 그런 얘기를 하셨을 만큼 그날 1심 최후 변론 때 노 변호사가 상당히 격앙된 어조로 얘기하셨던 걸로 기억이 돼요. 이상록 씨하고 저 같은 경우에는 검찰이 징역 10년을 구형했는데 등줄기가 서늘해지더라고요. '야, 10년. 좀 심하지 않냐' 이런 생각이 들데요. 여하튼 그렇게 우리는 좀 곰삭혀 가며 최후진술을 했는데, 노 변호사님 같은 경우에는 흥분을 많이 했어요. 우리 구형량을 다 따지니까 뭐, 100년이 넘었던가, 그랬을 거예요. [웃음] 또 하나 변론 과정의 기억이라면 우리 항소심 변호인 선임할 땐데 그 기억이 지금도 생생해요. 변호사님은 어쨌든 우리가 7년을 받아버렸고, 고 밑에도 5년, 3년 이렇게 받으니까 당신이 생각하신 거에 비해서도 많이 높았던 거죠. 우리도 노 변호사님도 이건 좀 심하다, 이렇게 생각했어요. 그리고 이제 1심이 끝났는데 우리 가족이 다 가난했거든요. 별로 여유 있는 사람이 없었어요. 그러니까 얼마 안 되는 변호사비였지만 가족들 입장에서는 그것조차도 뭐, 앰네스티(Amnesty, 국제사면위원회)에서 지원해주고, 서울 인권위원회에서 지원해주고, 각 종교단체에서 지원해줘 가지고 어렵게 만든 돈을 변호사비로 드린 거죠. 그런데 1심 끝나고 나서 노 변호사님이 우리한테 왔어요. 보통 사건 같으면 안 오죠. 근데 왔어요. '기분이 어떠냐'길래 '뭐 말끔하지는 않네요' 하니까 '그래, 나도 참 더럽다. 기분…' 이러면서 '항소심에 변호인 선임을 또 해야 안 되겠나?' 이렇게 얘기하시더라고요. 그래서 제가 얘기했어요. '변호사님, 참 수고 많이 하셨고 진짜 고마운데, 변호사님도 느끼겠지만 변론해봐야 소용없더라 아닙니까? 우리 가족 형편도 어려워서 돈도 없고, 변호사님한테 무료로 해달라 할 염치도 없고, 시간은 많이 걸리고, 해야 될 일도 많은데 아무 보람도 없고… 그냥 우리가 하겠습니다. 우리가 해도 충분히 할 것 같습니다' 그랬는데, 뒤에 들어보니까 변호사님이 그 얘기에 억수로 서운해했다고 그래요. '내가 영 시원찮았다, 이 말이지. 어찌 그리 얘기할 수 있노' 이런 식으로. 1심 재판하면서 자주 만났기 때문에 그 정도 인간관계는 되고 형편도 뻔히 다 아는데 '부모님 형편도 어렵고 하니 죄송하지만 무료로 해주이소' 그렇게 말하면 내가 안 해주겠나? 뻔히 해줄 건데…. '니 별로 소용없다, 다 치워라. 우리가 할게' 이런 식으로 들렸다고. 내 참 서운했다, 이렇게 얘기하시더라고요. 당시는 고개만 푹 숙이고 약간 갸웃갸웃하고 그냥 가셨거든요. 그러고 나서 일주일이나 지났나? 교도관이 변호사 선임계라는 것을 가지고 와서 방으로 쑥 들이밀더라고요. 변호사에 '노무현' 이렇게 돼 있데요. 가족들하고 그렇게 얘기가 되었나 보다 싶어서 서

명만 했죠. 그러고 그다음에 면회 오셨을 때 별다른 얘기를 안 했어요. 그래서 그렇게 선임하고 항소심도 했지요. 항소심은 워낙 우리 주장은 똑같은데 판사도 이미 1심 서류를 다 봤고 했기 때문에 훨씬 빨리, 매우 형식적으로 지나갔어요. 우리도 많은 걸 기대하지는 않았고 한데 딱 1년 깎아주데. 그래가지고 6년… 대법원에서도 그대로 6년 확정됐죠.*

부림사건 이후 현장에서 본 노무현 변호사의 모습은 어땠습니까?

고호석　제가 봤을 때 노무현 변호사라는 분은 철저한 자유민주주의자거든요. 다른 사람의 사상에 대해서도 상당히 포용력을 가지는, 진정한 의미에 있어서의 자유민주주의자이죠. 그래서 우리에 대해서 별로 색안경을 쓰고 보지 않았습니다. 1984년이 되면서는 부산에 공개운동 판을 좀 제대로 만들어야 된다는 생각을 하게 됐어요. 무엇보다 부림사건으로 깨져보니까 이런 사람들을 지원해주는 단체가 없다는 게 너무 치명적이더라는 거죠. 앞으로 운동하는 학생들이나 노동계, 이런 사람들을 제대로 보위해주기 위해서도 공개운동

---

* 부림사건 피해자들은 1심에서는 징역 7년에서 3년, 2심에서는 징역 6년에서 1년 6개월까지 유죄판결을 받았다. 그리고 더러는 만기 출소로, 더러는 1983년 광복절 특별사면을 시작으로, 그해 연말까지 모두 석방됐다.

조직이 꼭 필요하다는 공감은 형성됐는데, 그 당시로는 일반 형태의 청년조직이나 이런 걸 만들기에는 부산의 토양이 너무 약했죠. 때마침 양심수사건 같은 것이 많이 생기니까, 한국기독교교회협의회(KNCC)** 인권위원회에서 내부 논의를 통해 지역에도 인권위원회를 몇 개 만들자고 해서 부산·대구·광주·전주에 추진이 됐어요. 그러면서 새로 간사를 할 사람을 구했는데 부산에서는 마침 저희(부림사건 관련자)가 막 출소해 있었고, 그때는 저도 공개운동 영역에서 일을 하고 싶었기 때문에 긍정적으로 논의가 됐어요. 그렇게 제가 간사를 맡아서 제안을 했죠. 원래는 이게 목회자들 단체이지만 법률구조 활동을 많이 해야 되기 때문에 법률전문위원이 꼭 필요하다, 김광일 변호사님하고 노무현 변호사님 두 분을 법률전문위원으로 넣자, 이렇게요. 아무도 반대 안 했어요. 그렇게 제반 관련 사건이 있을 때마다 법률자문이나 변론도 맡아주시고, 또 경찰에 학생들이 잡혀갔을 때 바로 달려가서 직접 면담하고 법률구조 하는 역할을 맡아주시게 됐지요. 인권위원회가 생기고 조금 있다가 한국공해문제연구소*** 부산지부****라는 단체를 또 우리가 만들어요. 당시는 공해문제가 아주 폭발적으로 터져 올라왔던 시기잖아요. 영남 공업벨트 중심으로

●● The National Council of Churches of Korea, 1924년에 창립했다.

●●● 산업화로 인한 공해가 심각한 사회문제로 등장함에 따라 1982년에 설립한 한국 최초의 환경단체이다. 함세웅 신부가 초대 이사장을 맡았다. 현재 기독교환경운동연대의 전신이다.

●●●● 부산 공해문제연구소(공해문제연구소 부산지부)는 1989년 부산공해추방시민운동협의회로 재출범했다가, 1993년 4월 부산환경운동연합으로 계승·발전하는 데 모태 역할을 했다.

부산이 울산·창원·마산 지역 전체를 아우르는 특수성도 있고, 공해문제라는 주제 자체의 필요성도 있고, 또 거기에 대한 문제를 제기하는 틀을 만드는 것도 필요하다, 이런 이유로 공해문제연구소도 만들었지요. 여기에도 여러 가지 법적인 문제와 연관되는 게 많이 있거든요. 그래서 거기도 노무현 변호사님하고 문재인 변호사님이 위원으로 들어오셨던 걸로 기억돼요.* 이런 것이 생기면서 외형적인 틀을 좀 갖추고 거기에 적극적으로 참여하시게 된 거죠. 그렇게 1984년 한 해가 지나면서 노 변호사님도 우리와 확 가까워졌어요. 술 먹는 기회도 자주 생기게 되고, 이런저런 얘기도 많이 하게 되고 그랬죠. 한마디로 얘기해서 노무현 변호사가 민주화운동의 핵심 멤버로 완전히 들어온 해였어요. 이게 1985년 부민협으로 가면서 좀 더 본격화되고, 정점으로 치달았던 게 1987년인 거지요. 특히 그날은 지금 생각하면 좀 어처구니없는데, 85년 5월 3일에 부민협, 그러니까 부산민주시민협의회 창립총회가 있었어요. 그때 초청 강사가 조갑제 씨였어요. 지금 보면 기가 차지요? 근데 그 초청 강연을 못 하게 했다니까, 그 당시에. 그래가지고 창립총회에 있던 사람들 전부 다 끌려가고 우리도 붙잡혀 가면서 고함지르고 이러는데, 보통

---

* 노무현, 문재인 모두 이사로 참여했다. '공해문제연구소 부산지부는 급속한 산업화 위주의 경제개발 과정에서 필연적으로 발생하는 여러 공해문제를 부각시키면서, 군사독재정권의 반민주성과 반민중성을 폭로하는 역할을 했다. 특히 울산의 '온산병'을 사회문제화하는 데 큰 역할을 했고, 낙동강 하구언 문제와 광양제철 건설에 따른 환경 파괴와 어업 피해를 폭로하는 등 의미 있는 역할을 해냈다.'(《6월항쟁을 기록하다》 4권 21쪽, (사)6월민주항쟁계승사업회, 민주화운동기념사업회 2007)

이 재야 어른들은 '놔라, 이놈들아' 이러고 끌려가는 게 일반적인 폼(form)이잖아요. 근데 우리 같은 경우는 '놔라, 이 새끼들아. 이거 못 놓나' 막 이러는데, 노 변호사도 딱 우리하고 똑같은 거라. [웃음] 거의 젊은 실무자 '빵잽이'들이 하는 거하고 똑같이 했지. 그것을 보면서 일부 어른들 중에는 '채신머리없이 왜 저러나' 그런 인상을 보이는 분도 없지 않았어요. 하지만 우리가 볼 때는 '참 훌륭하다'. 왜냐하면 사람들이 이 사회에서 자기가 놓여 있는 사회적 지위, 또 특정 직업이 가진 그런 어떤 계급성, 이런 것이 다 있단 말이에요. 변호사라면 사법고시 붙고 연수원 시절부터 '영감' '영감님' 이런 이야기를 듣거든요. 그런데 그런 대우를 받아오시던 분이 그때 거기서 완전히 한 사람의 투사의 모습을 그대로 내보이는 거니까, 우리도 쉽게 상상하지 못했죠. 우리도 '아, 저분은 우리하고 같이할 수 있는 동지다' 이런 느낌을 많이 가졌지만, 노 변호사로서도 86~87년 일선에서, 제일 최전방에서 구호를 외치면서 같이 싸우는 거리의 투사로 나서게 된 계기였다, 이렇게 볼 수 있죠. 그런데 그건 공부한다고 되는 것은 아니라고 봐요. 그분이 갖고 있는 삶에 있어서의 진정성, 이제 제일 기본일 거고요. 진정성, 소탈함, 배움에 있어서 또는 사람을 대함에 있어서 격의 없음, 용기 이런 것은 그분이 타고난 품성, 성품이다, 그렇게 보지요.

노동운동에 관여하게 된 것도 그런 성품 때문일까요?

고호석 변호사님이 저희하고 한번씩 하는 얘기 중에 그런 것이 있어요. 본인도 대단히 가난하셨기 때문에 부산상고에 들어갔고, 졸업하고 나와서 마땅히 밥벌이하기도 어렵고 해서 막노동을 꽤 한 적도 있다. 그러다가 그때 벽돌인가 뭔가가 넘어져 가지고 이가 부러진 적도 있다 그래요. 참 험하고 어려운 걸 본인도 많이 겪어봤기 때문에, 당시 노동 사정이라고 하는 게 인간 노무현이 들었을 때는 분노할 수밖에 없는 상황이거든요. 거기에 어쨌든 대학을 다니거나 졸업한 사람들이 노동 현장을 민주화하고 그들의 생계, 삶, 이런 것의 질을 향상시키려고 노력한다고 했을 때, 그분으로서는 흔쾌히 도와줘야 한다고 생각했을 거고, 해고 노동자들을 만나면서 그들의 이야기를 들었을 때 훨씬 쉽게 빨려 들어올 수 있는 그런 상황이었죠. 그러니까 선뜻 노동법률상담소 같은 것을 변호사 사무실 안에다 열었을 겁니다. 그 당시만 해도 '노동'이라는 단어 자체만으로도 매우 불온한 것으로 비쳤던 시절인데, 우리가 기억하고 있는 노무현이라는 사람, 그의 성격, 품성 이런 것이 큰 영향을 끼쳤을 것이다, 저는 그렇게 보지요.

1987년 7월 고 이한열 열사 추모노제(부산진역 앞)에서 연설하는 노무현.
오른쪽이 구술자 고호석이다.

1987년에 부산에서 전국 최초로 국민운동본부가 발족되는데요, 당시 상황에 관해 노 변호사를 중심으로 해주실 만한 이야기가 있습니까.

고호석 1986년경부터는 사실상 부산 지역 민주화운동의 중심이 부민협이 되는 셈이고 거기서 송기인* 신부님이나 최성묵** 목사님 같은 분들이 상징적인 어른의 역할을 하게 되니까, 젊은 실무자 세대하고 같이 링크 하면서 전체 회의를 꾸려가는 중간 역할은 노 변호사님이 주로 하셨다고 볼 수 있습니다. 그러면서 '아무래도 내 역할이 상대적으로 커질 수밖에 없고 내가 사건 수임을 해가면서 이 일을 하기는 현실적으로 어렵겠다' 이렇게 판단을 하신 것 같고, 변호사 사무실에 '나 인자 안 한다, 느그가 알아서 해라' 이렇게 선포를 하신 거라고 알고 있어요. 1987년 들어서 박종철 고문사건***이 터지면서 싸움을 해오는 과정에서, 2월 7일 추모대회 때도 최루탄이 터지는데 노 변호사님, 문 변호사님이나 김광일 변호사님 이런 분들이 그냥 그 자리에 주저앉아서 끌려가고 다시 나오고 그러잖아

• '부산·경남 민주화운동의 대부'로 불리며 참여정부 때는 진실·화해를위한과거사정리위원회 초대 위원장을 맡았다. 1982년 부산 미국문화원 방화사건 때 변호인단에 참여한 노무현을 처음 만났다. 노무현에게 '유스토'라는 세례명으로 영세를 주기도 했다. 자서전 《운명이다》는 이때를 '옳은 길로 이끌기 위해 많은 정성을 쏟으셨다'고 기록하고 있다(82쪽).

•• 부산YMCA 사무총장과 부산중부교회 담임목사를 지냈고, 1979년 부마민주항쟁 전후 부산 민주화운동의 현장을 지켰다. 부산민주시민협의회 회장, 민주헌법쟁취 국민운동 부산본부 상임대표를 맡으며 부산 민주화운동을 이끈 거목으로 평가받는다. 이 책에서 자주 거론된다.

••• 1987년 1월 14일, 서울대학교 학생 박종철이 남영동 대공분실에서 조사를 받던 중 고문으로 사망한 사건을 말한다. 6월항쟁의 도화선이 되었다.

요. 그때도 노 변호사님을 구속하려고 온갖 짓을 다 했다는 건 유명한 일화거든요. 하룻밤에 구속영장을 네 번 청구하는 것, 그것도 판사들 집을 찾아다니면서 청구하는 건 전 세계 법조사에서도 유례가 없는 사상 초유의 사건일 겁니다. 경찰이나 검찰에서는 이 사람을 이대로 두면 안 되겠다, 이건 집어넣어야 된다, 이렇게 판단했는데 그게 자기들 뜻처럼 잘 안 됐지요. 그러는 과정에서 4·13호헌조치****가 발표되면서 지금처럼 이렇게 그냥 단체로 있어서는 안 되겠다, 개헌을 위한 큰 틀의 국민운동조직을 하나 만들어야 된다는 전국적인 공감대가 형성됐어요. 그래서 이걸 전국적으로도 만들고 지역도 만들자 이렇게 된 거죠. 그런데 부산과 타 지역의 차이가 뭐냐면, 타 지역은 각계의 입장 이걸 조율해야 돼요. 그만큼 서로 간에 경쟁도 하고 갈등도 있고 이런 뭔가가 참 복잡한 것이 존재해 있었거든요. 근데 부산은 전혀 그런 것이 없었어요. 어른들도 참 훌륭한 분들이 계시기도 했지만 이른바 청년운동, 노동운동이나 학생운동 이런 걸 아우르는 사람들이 전부 부림사건 출신들로 교통정리를 하고 있었고, 또 노 변호사님을 매개로 어른들하고 그냥 쉽게 한 덩어리가 돼 있었죠. 젊은 친구들이 어떤 입장을 딱 정하면 노 변호사님하

•••• 1987년 4월 13일, 전두환 대통령이 발표한 특별담화이다. 일체의 개헌 논의를 중단하고 1988년 2월에 정부를 이양하겠다는 내용을 담은 이 발표는 대통령 직선제를 내용으로 하는 헌법 개정에 대한 요구와 민주주의에 대한 국민적 열망에 반하는 것이었다. 같은 해 6월 9일, 연세대학교 학생 이한열이 시위 참여 중 전경이 쏜 최루탄에 맞아 사망하는 사건이 발생하면서 시민의 분노는 극에 달했다. 이는 6·10항쟁과 직선제 개헌 요구를 수용하는 6·29선언으로 이어졌다.

고 그걸로 의논하고, 송 신부님이나 최 목사님하고 의논하고 그러면 그게 이제 운동본부 어느 회의 단위에서든 거의 다 관철이 되어갔어요. 부민협 회의에서도 그렇고 그 전후도 마찬가지였다고 볼 수 있어요. 최소한 87년 말, 대선 전까지는 어쨌든 그런 흐름이 쭉 유지되어갔다고 봐요. 그 중간 핵심 링크 역할을 실천적으로든 논의 과정에서든 해줬던 분이 노 변호사님이고, 국민운동본부를 부산에서 먼저 만들자 한 것도 다른 데는 조정하고 이런 데 시간이 많이 걸리는데 부산은 그럴 필요가 전혀 없으니까, 우리가 결정하면 쭈욱 갈 수있는 준비가 다 되어 있었으니까 그렇게 추진해 나간 거죠. 그리고 국민운동본부는 맨 위에 공동대표단이 쭉 있지만, 상임집행위원회가 사실은 이 국민운동본부 전체의 의결과 집행을 한꺼번에 책임지고 있는 핵심적인 조직이에요. 노 변호사님이 상임집행위원장으로서 전체를 아우르면서 실무자들의 의견을 받아주셨고 별 갈등 구조없이 그 일을 했다고 보면 되지요. 어쨌든 총책임을 맡고 있는 최성묵 목사님, 노무현 상임집행위원장님, 그다음에 사무국장인 저, 여기가 아주 유기적으로 서로 연결을 하고 있었기 때문에, 내 기억으로는 국민운동본부가 굴러가는 전체 과정에서 의견 일치가 안 돼서시끄러워지고 또 부결되고 이랬던 일은 없었던 걸로, 손발이 안 맞아가지고 시끄러워지거나 이런 일은 없었던 걸로 기억해요.

그때 노무현 변호사의 추진력이나 그런 면에 대해서는 어떻게 평가하십니까?

고호석　노 변호사님 혼자서 따로 뭔가를 추진하려고 하셨던 기억은 없고요, 전체적으로 조율하고 조정하는 과정에서 저희 의사가 잘 반영될 수 있도록 적극적으로 돕는 역할을 해주셨습니다. 당신 생각하고 차이가 좀 있어도, 저희 젊은 사람들 쪽의 주장을 받아들여 주는 편이었어요. 그런 면에서 상당히 훌륭하셨고 길거리에서의 투쟁력 이런 건 상당하셨다고 보지요. 현장에서 보면 어떨 때는 연설을 엄청 잘해요. 우리가 막 탄복을 할 정도로 감정과 논리가 쫙 맞아 들어가면서 청중을 감동시키는 그런 부분에서 아주 대단할 때가 있는 반면, 어떨 때는 보면 감정이 격해가지고 어떻게 주체를 못 하는, 그래서 그때까지만 해도 기복이 좀 심했거든요. 그러니까 뭐, 전반적으로는 잘하는데 어떨 때는 '와 저러노, 진짜 불안하다' [웃음] 이렇게 여겨지는 부분이 있고. 어떨 때는 우리로서는 도저히 할 수 없을 정도로 감정과 논리의 조화가 극대치를 이루는 때도 있었어요. 어쨌든 그 당시 어느 집회에 가든 가투(가두투쟁)를 하든, 미리 발언할 것을 써 가지고 나가고 이런 상황이 아니잖아요. 전부 임기응변으로 해야 되는 건데 참 잘하셨고, 특히 그중에서도 빛을 발한 게 가톨릭센터 앞에서 했던 시민시국토론회*였죠. 이런 건 미리 준비된 게 아니에요. 뭐, 완전히 그냥 그 자리에서 즉흥적으로 하는 건데 시민들도 그때 그때 자원해서 요즘 촛불집회처럼 하는, 하나의 원초적인 형태라고 할 수 있는데 그때 사회를 참 잘 보신 걸로 정평이 나 있어요.

● 가톨릭센터는 6월항쟁 내내 부산 지역 시위의 구심점 역할을 했다. 28일 토론회는 부산 대청동 중앙성당에서 출발해 가톨릭센터까지 이어진 가두행진 마지막에 즉석으로 이루어졌다. 《6월항쟁을 기록하다》는 '부산국본 상임집행위원장인 노무현 변호사의 사회로 진행된 이날 토론회에서는 많은 시민이 자신의 의견을 과감하게 말했고, 또 서로가 서로를 뜨거운 박수로써 격려했다. 특히 광주항쟁 당시 진압군이었던 한 시민이 그때의 행위를 참회하며 민주화를 위해 결연히 싸우겠다는 결의를 밝혀 많은 박수를 받았다. 이날의 시위는 평화적으로 끝났다'고 기록하고 있다(4권 57쪽, (사)6월민주항쟁계승사업회, 민주화운동기념사업회 2007). 이후 구술자들의 구술에 자주 거론된다.

2014년 1월 21일 구술자 고호석을 비롯한 부림사건 관련자 열한 명이
봉하 대통령묘역을 참배하고 남긴 헌화.

직접 운전하며 유인물 뿌리던 '야전사령관'

구술자 이호철은

1958년 부산에서 태어나 1977년 부산대학교 법대에 입학했다. 1982년 4월 부림사건 3차 구속자로 수감되었다가 1983년 12월에 특별사면 됐다. 1987년 6월항쟁 전후 부산민주시민협의회, 민주헌법쟁취 국민운동 부산본부 등에서 민주화운동의 동지로 노무현과 함께 활동했다.

《여보, 나좀 도와줘》에서 노무현은 "이후 '부산민주시민협의회'와 '국민운동본부' 일을 하면서 그 친구와 난 아주 호흡이 잘 맞는 파트너가 되었다. 내 또래에선 내가 가장 열성적이었고 그 친구 또래에선 그 친구가 가장 중심적인 역할을 했다. 서로 손발도 잘 맞았고 그래서 서로 좋아하기도 했다"며 이호철을 언급하고 있다(217쪽).

이후 1988년과 1992년 총선, 1995년 부산시장 선거, 2000년 총선, 2002년 대선에 이르기까지 주요 선거 과정에 참여했다. 초선의원 시절 보좌관을 맡았고 참여정부 들어 민정비서관, 제도개선비서관, 국정상황실장, 민정수석 등을 역임했다. 봉하마을에서 친환경생태농업, 마을 가꾸기 등 노 대통령 퇴임 후의 활동을 보좌했다.

● 1987년 8월 23일 새벽 2시경, 이호철은 전화를 걸기 위해 수화기를 들었다. 늦은 시간이라 미안하다는 생각은 잠시, 한시가 급했다. 노무현은 거제도 대우조선 노동자 이석규 사망 소식과 함께 진상조사단 요청을 전하는 이호철의 말에 '가자'고 답했다. 이 사건으로 노무현은 23일간 구속·수감되고 변호사 업무 정지 처분을 받게 된다. 이호철은 그날의 전화를 두고두고 마음의 빚으로 담고 있다고 했다.

부산 지역 재야단체 실무자였던 이호철은 변호사의 영역을 뛰어넘어 6월항쟁의 실질적 '야전사령관'으로 활동했던 노무현을 이야기한다. 음으로 양으로 부산민주시민협의회와 같은 단체의 운영비를 챙겨주고, 직접 차를 몰며 유인물을 함께 배포하는가 하면, 현장에서 함께 싸우고 시위에 앞장서던 면모를 접할 수 있다.

이호철과 구술 면담은 2011년 11월 7일, 2011년 12월 7일, 2012년 7월 10일 서울 노무현재단에서, 2012년 7월 18일 법무법인 부산 사무실에서 총 네 차례 진행됐다. 이번 구술은 2차와 3차 면담 내용을 발췌·정리한 것이다.

언제 노 변호사와 처음 대면하셨습니까?

이호철　처음 뵌 건 부림사건 재판이 아니라 부산 미국문화원 방화사건˙ 증인으로 법정에 나가서였습니다. 부림사건이 1차, 2차, 3차가 있어요. 모두 세 차례에 걸쳐 구속이 되는데, 저는 3차 구속자로 이듬해에 잡혔기 때문에 더 이상 제게서 조사를 한다기보다는 소위 1차, 2차 관련자들의 진술을 확인하는 수준이었습니다. 그냥 앞사람이 진술한 걸 예스, 노(Yes, No)로 확인하는 정도였기 때문에 부림사건으로는 인연이 없었고, 미문화원 방화사건으로 법정에서 뵀을 때 두 가지가 기억나는데, 하나는 체크무늬 옷을 입고 있던 것 같다 그리고 두 번째는 굉장히 젊었다. 1982년에 제가 처음 뵀으니까 노 변호사님이 서른일곱, 제가 스물다섯, 이 정도 때잖아요. 나이보다 굉장히 젊어 보였어요. 그 이전에는 우리가 알고 있는 변호사, 예를 들면 저를 맡았던 장두경 변호사님도 연세가 많은 분이고 이흥록, 김광일 변호사님같이 연배가 한 20년 이상 차이 나는 분들을 만나다가 '굉장히 젊은 변호사다, 저분 누구지?'라고, 그런 생각을 했던 기억이 있습니다.

출소 후에 노 변호사를 찾아가셨잖아요?

이호철　83년 12월이었을 거예요. 제가 부림사건으로는 제일 마지막에 나왔는데요, 저희가 교도소 안에서 사식을 많이 사 먹는다든가

● 1982년 3월 18일, 부산 지역 대학생들이 미국 정부가 5·18광주학살을 용인했다고 비판하며 부산 미국문화원에 불을 지른 사건이다. 일명 '부미방사건'이라고도 불린다. 이 사건으로 한 명이 사망하고 다섯 명이 중경상을 입는 등 사상자가 발생했다. 노무현도 변론에 참여했다.

그런 스타일이 아니니까 영치금이 남잖아요. 출소하자마자 거의 하루 이틀 뒤에 인사를 하러 가자, 그렇게 해서 찾아간 거죠. 변론비도 안 줬으니까. 모르겠습니다, 전 무료 변론인 걸로 알고 있었는데 우리 부모님이 변론비를 줬나 안 줬나 잘 모르겠어요. 뭐 줘봐야 거의 인지대 정도 줬을 거고, 어쨌든 다섯 명의 변호사님*이 계시니깐 남은 영치금을 가지고 책을 쭉 샀어요. 소설류, 교양서적류 이런 거였던 것 같은데요, 그렇게 책을 한 세 권 정도씩 사서 제일 마지막에 나온 사람들이 인사를 하러 갔습니다. 노 변호사에게 저를 소개시켜줘야 하니까 동기들끼리 같이 갔던 것 같습니다. 같이 가서 인사를 하고 밥을 먹고 했는데 뒤에 노 변호사님 얘기로는 제가 조금 밝았대요, 사람이. '금방 징역을 살고 나온 사람 같지 않았다, 그래서 호감을 느꼈다. 다른 사람하고 조금 틀렸던 것 같다. 다른 부림사건 사람들은 워낙 많이 맞아서 그랬는지 모르겠지만 자네는 참 밝더라' 이런 이야기를 한참 뒤에 들은 적 있습니다. 그러고 나서 저희 구속자 석방환영회에 노 변호사님도 오셨더랬죠. 그 당시 구속자 석방환영회라고 해봐야 막걸리랑 소주, 오징어 몇 마리 놔두고 하는 거였거든요. 저는 그날인지 잘 모르겠는데, 나이트클럽에 석방자들을 왕창 데리고 가서 같이 술을 마셨어요. 〈임을 위한 행진곡〉이 나왔을 땐데, 거기서 같이 노래 부르고 그랬죠. 나중엔 어디 뭐 경상도 말로 찌

---

* 부림사건 변호인단은 이흥록, 장두경, 박재봉, 정차두, 노무현 다섯 명이었다.

짐집, 전이랑 막걸리 파는 데가 있어요. 그런 데 가서 먹고 고갈비집 가서 먹으면서 토론하고 그랬습니다. 노 변호사님이 저희 변론하면서 책을 많이 읽어서 거기에 대해 토론도 하긴 했지만, 한편으로는 우리가 소위 철학적으로 역사적으로 편향되는 것에 대해 조금 우려도 하고, 또 우리보다는 열두 살이 많으니까 '어른으로서, 선배로서 걱정스럽다. 앞으로 뭐 먹고살래'부터 시작해서 그런 걱정을 많이 하셨죠. 다른 종류의 책을 권하기도 하고 자기가 읽었던 책을 가지고 우리를 설득하기도 하고, 그랬던 기억이 나네요. 하여튼 노 변호사님은 다른 변호사님에 비해서는 독특했던 양반이죠. 우리를 변론했던 사람이 많이 있는데 유독 애정을 기울이고, 또 한편으로는 걱정스러워하고 얘기도 하고 그랬죠.

그러면서 서서히 변모하신 건가요?

이호철 우리를 변론하면서 굉장히 큰 충격을 받았던 것 같아요. 이 젊은 사람들이 자기 직장이나 미래를 생각하지 않고 반독재 민주화 투쟁에 헌신한다는 것에 대해서 놀랐던 것 같기도 하고, 본인이 가진 정의감이 살아난 것 같기도 하고요. 또 한편으로는 우리가 읽었던 책을 읽으면서 생각이 바뀌었던 부분도 있을 테고, 또 같이 어울리면서 생각이 바뀌었던 부분도 있었을 겁니다. 노동법률상담소를 만들게 된 것도 제가 정확한 기억은 못 합니다만, 그 당시 노조를 만들다 해고되고 회사에서 두들겨 맞았는데 산재 처리도 안 되고 뭐, 이런 형사사건뿐만 아니라 임금체불사건이 많았죠. 노조도 거의 없었을 때니까요. 그런 것을 보면서 '아, 이것을 집중적으로 해야겠구나'라는 생각이 있으셔서 노동법률상담소를 만드셨을 겁니다. 그러면서 노 변호사님, 문재인 변호사님이 노동법에 대해서 공부를 합니다. 좀 더 전문적으로 논문도 보고, 송병곤 씨도 같이 공부하고, 노동자들에게 노동법 공부도 시켜줘요. 특히 그 당시 부산에는 신발공장이 굉장히 많았거든요. 규모도 1만 명, 5,000명 이렇게 되는 신발공장들이었죠. 삼화고무, 풍영, 대양, 진양, 국제상사 등등. 그런 노동자들, 대부분 이제 겨우 스무 살 넘은 여공들인데 두들겨 맞고, 월급도 못 받고, 산재 처리도 안 되고 뭐, 이런 것을 보면서 좀 바뀌기 시작한 거 같아요. 월급 10만 원도 안 되는 여공들의 삶을 보면서 본인이 잘산다는 것에 대해서 굉장히 부끄러워하셨어요. 그래서 좋아하던 요트도 끊고, 고급 술집에 가는 것도 끊고, 그러면서 어느 날 보니까 '민중적인 삶을 살겠다' 이러시면서 자가용 대신 버스를 타고 다니고 그랬습니다. 그래서 제가 '집에 차 세워놓고 버스 타고 다니는 게 무슨 의미가 있습니까?' 이렇게 얘기했던 기억도 있는데, 하여튼 저희하고 어울려서 소주 먹고 막걸리 마시고 그랬죠. 그런 생활은 노동법률상담소가 생기고 나서부터였을 겁니다. 어쨌든 그때부터 정보과 사람들이 노 변호사님 사무실 앞에 진을 치고 실제로 출입하는 사람 체크하고 그랬죠. 한두 명씩 정보과 형사가 꼭 서 있었어요.

그러면서 더 자주 만나셨나요?

이호철　저는 부민협을 하면서부터 자주 만나게 됐어요. 노 변호사가 상임운영위원이 되시고 저는 간사가 되거든요. 그런데 이 재야단체의 역할이라는 것이, 회원들하고 만나고 공부하고 유인물도 뿌리고 다니고 하는 건 젊은 실무자그룹이 알아서 하고 운영위원들은 방패막이가 되어주는 식이었죠. 그리고 운영위원들이 회비를 내게 돼 있다고요. 그런데 재야단체 사정이 뻔하잖아요? 낼 수 있는 분이 변호사, 신부 그 외에는 별로 없어요. 회원들이 뭐 넉넉한 것도 아니고. 그러니까 기관지를 내고 하는데 가면 갈수록 변호사님들의 재정적 후원이 굉장히 필요한 거예요. 그래서 노 변호사님 개인적으로 내기도 하지만 주변에 있는 변호사들을 소개도 해줘요. 그러니까 부민협 회원으로 가입시키려고 노력을 하는데, 가입은 잘 안 되지만 어쨌든 여기저기 가서 후원을 권하는 거예요. 그러면서 저한테 어디를 찾아가 보라고 알려줘요. '전화를 해놨으니까 거기 가면 후원금을 좀 줄 거다' 그러는 거죠. 때로는 갔다가 실패해서 오기도 하고, 때로는 10만 원 받아 오기도 하고 그랬습니다. 그 돈을 모아서 사무실 운영 경비로 써야 되거든요. 그러면서 점점 노 변호사님과 만나

1985년 11월 25일 '민주제 개헌을 향하여'를 주제로 강연하는 노무현.
부산민주시민협의회 주최로 부산YMCA에서 열린 행사였다.

게 된 거예요. 또 한편으로는 집회 같은 걸 하면 당시에는 옥외집회는 생각도 못 하고 실내집회를 해도 경찰들이 봉쇄를 해버려요. 잡혀가면 누군가 빼내 주든가 해야 되는데 부를 사람이 마땅히 없잖아요. 신부님, 목사님 아니면 변호사님이니까 제일 만만한 분이 노 변호사님이었죠. 문재인 변호사님은 법정에서 소위 변호사로서 역할을 해서 돕는다는 생각이 강했던 분이었던 데 반해 노 변호사님은 그 영역을 뛰어넘어서 누가 밤중에 잡혀갔다 그러면 대공분실에 면회도 가고, 경찰서에 잡혀갔다 하면 유치장에도 가서 끄집어내 오기도 하고, 같이 가서 싸우기도 하고 그러면서 점점 노 변호사님한테 몰리게 된 거예요. 그러니까 일은 많아지고 돈은 별로 안 되는 거죠. 그런 과정에서 예를 들어 밤 10시쯤 돼서 누가 잡혀가서 노 변호사님한테 전화 걸 일이 있으면 '집에 가 계시는데 누가 하지?' '호철이 니가 좀 해봐라' 이런 식이 된 거예요. 돈 얻으러 가는 것도 '야, 노 변호사님한테 누가 가면 좋을까?' '그러면 호철이 니가 가봐라' 그러면서 다른 간사들에 비해 저하고 가까워지게 됐죠.

댁에도 자주 가셨나요?

이호철   종종 갔죠. 특히 노 변호사님이 얼리어답터거든요. 그래서 그 당시 워드프로세서라고 그러나요? 그게 노 변호사님 사무실에도 있었고 댁에도 있었던 거예요. 그래서 기관지도 만들어야 되고 유인물 같은 것도 많이 만들어야 될 일이 있으면 그걸 치기 위해서 노 변호사님 댁에 갔죠.

공해문제연구소 활동에도 실제로 참여를 하셨나요?

이호철　공식적으로 활동하셨어요. 예를 들어 그 당시에 을숙도에 보를 하나 만들었거든요. 낙동강 하구언 공사를 했는데 그걸 하게 되면 물이 썩니 마니 이래가지고 반대운동 같은 것도 하고, 또 온산공단 쪽에도 이타이이타이병(온산병)이 있었다고 해서 같이 현장 조사를 하러 간 걸로 알고 있거든요.

노 변호사의 부민협 활동 가운데서도 1987년 이전까지의 활동에 대해 기억하는 바가 있으신가요?

이호철　노 변호사님 사무실 내에 노동법률상담소가 있었으니까, 85년쯤 되면 신발공장 노동자들이나 버스 운전자들이 노조를 만들다가 실패해서 해고무효 소송이 들어오던 때입니다. 신발공장 여성노동자도 많이 왔을 테고요. 또 야학하던 학생들이 불이익당해서 많

이 왔을 거고요. 부산 지역은 학생들, 학생운동 했던 사람들이 공장
에 위장 취업 형태로 가는 게 아니라 야학을 많이 했거든요. 야학이
부산 지역에 제법 많았어요. 그리고 창원 쪽이나 초창기 노동사건도
아마 맡았을 겁니다. 그래서 부민협에서 노동분과위원장*을 맡았던
것 같아요. 집회가 커지기 전까지는 역할이 변호사로서 소위 상담,
교육에 많이 치우쳐 있었던 것 같고. 그다음에 행사 같은 거 하면 참
여하시기도 하고, 아마 YMCA였던 것 같은데 강연을 막으려고 경
찰이 문 내리면 그 앞에서 경찰들에게 항의도 하고 그랬죠. 85년부
터 87년 2·7추도회** 전까지는 대규모 시위가 별로 없었기 때문에
주로 회의, 강연 활동이었는데 그 당시 YMCA 민원상담실도 활동을
하셨을 거예요.*** 그런 활동이었던 것 같아요.

그러고 1987년이 되면서 '호헌반대 민주헌법쟁취 범국민운동 부산본부'가
발족하는데요, 상임집행위원장을 맡으시죠.

이호철 　거의 본격적으로 변호사 업무보다는 재야활동가 비슷하

---

* 부산민주시민협의회는 출범 이듬해인 1986년에 조직을 확대·개편하면서 통일문제분과, 민주발전분
과, 인권문제분과 등 여덟 개 분과를 만들었다. 노무현은 여기서 노동문제분과를 맡았다.

** 1987년 2월 7일에 열린 '고 박종철 군 범국민추도회'를 말한다.

*** 1982년 부산YMCA 시민중계실이 개설되면서 시민 대상 무료법률상담 활동을 시작했다. 전점석의
구술에 상세히 나온다.

게 활동하셨던 시기죠. 재판도 거의 돈 되는 사건 안 맡고, 시국사건 정도 하고 법정에 나와서 학생들하고 구호 외치고 이랬을 때거든요. 그러니까 87년의 분위기가 2·7, 3·3,**** 4·13호헌조치, 이런 것 때문에 전국적으로나 부산에서도 국민들의 분노가 끓어오를 때였죠. 그것이 축적되다가 터진 게 87년 6월항쟁으로 끝나는 거 같아요. 그래서 유인물*****을 많이 찍었죠. 적게는 1만 장에서 나중에 6월항쟁 때 한참 많이 찍을 때는 10만 장 이상도 찍고 그랬거든요. A4용지 5,000장만 해도 제법 부피가 돼서 한쪽 손에 한 뭉치를 들었던 기억이 있는데, 10만 장이면 스무 뭉치니까 운반을 해야 되잖아요? 이걸 배부하는 방식이 크게 부산대, 동아대, 부경대 앞, 사상공단 쪽, 그리고 시내에 시민단체들 쓰는 곳, 이렇게 한 다섯 군데를 대충 평균 잡아 한 2만 부씩 나눠 줘야 되는 거예요. 이 인쇄를 해내려면 인쇄소가 있어야 되고 돈이 있어야 되는 거죠. 일차적으로 유인물값을 구해야 되니까 노 변호사님한테 부탁하는 수밖에 없죠. 노 변호사님

**** 박종철의 49재에 맞춰 1987년 3월 3일에 치렀던 '고문추방 민주화국민평화대행진'을 말한다. 이날의 대행진과 관련하여 전국에서 439명이 연행됐다. 부산에서는 학생과 시민 120명이 연행되어 세 명은 구속, 열다섯 명은 즉심, 나머지 112명은 훈방 조치됐다.

***** 부산국본의 기관지였던 《민주부산》을 말한다. 보통 타블로이드판 4면으로 발행되었는데, 별도의 편집 팀과 인쇄 팀을 두고 있었다. 처음엔 노무현 변호사의 워드프로세서로 판을 짜서 모 학교 인쇄실에서 일하는 인쇄공의 힘을 빌려 인쇄, 밤을 틈타 간부들의 승용차를 이용해 운반하는 등 매우 어렵게 제작·배포했다. 하지만 6월항쟁이 본격화된 후에는 직접 인쇄기를 구입해서 거의 매일 3만~7만 부를 인쇄해, 집회와 시위가 진행되는 현장에서 바로 배포했다. 각 부문의 활동가들과 학보사 출신 일꾼들이 함께 제작했기 때문에 기사 내용이나 형식도 상당한 수준을 유지했다는 평가를 받았고, 관제언론에 식상해 있었던 시민들로부터 폭발적 호응을 얻었다(《6월항쟁을 기록하다》 4권 45쪽, (사)6월민주항쟁계승사업회, 민주화운동기념사업회 2007).

이 걷어다가 저희한테 주기도 하고 때로는 또 변호사들을 소개받아서 돈 좀 얻기도 하고 그랬는데, 어느 날 불러서 갔더니만 유인물 찍으라고 100만 원을 주시더라고요. 어디서 났는지 저는 잘 모르죠. 제가 점퍼를 입고 있어서 돈을 안주머니에 넣었어요. 당시가 5~6월 경이니까 덥잖아요. 그런데 그때 아마 약속이 있어서 소주를 한잔 마시고 택시에다가 점퍼를 두고 내린 거예요. 평생 뭘 잃어먹고 이런 건 안 하고 잘 챙기는 스타일인데 그날따라 더우니까 셔츠만 입고 내려버린 거예요. 돈을 잃어버렸어. 공금이잖아요? 그래서 할 수없이 아버지한테 가서 제가 공금을 잃어버렸다, 한 50만 원만 좀 빌려주시라, 이렇게 해서 50만 원 받았죠. 당시 100만 원이면 제법 큰 돈이에요. 그다음에는 갈 데가 없잖아요. 어디서 구해야 될지도 모르겠고, 재야단체 실무자가 돈 어디서 구하겠어요. 그래서 문재인 변호사님한테 갔어요. 노 변호사님한테 받은 돈을 잃어버리고 문 변호사님한테 갔어. '여차여차하다가 돈을 잃어버렸다, 50만 원만 좀 빌려주시라, 언제 갚을지는 모르겠지만 갚겠다' 그러니까 '무슨 돈인데?' 하고 물으시더라고요. '어제 노 변호사님한테 받았는데 술 먹고 가다가 점퍼에 넣고 잃어버렸다' 그렇게 이야기하고 100만 원을 맞춰서 빌렸어요. 그런데 그 뒤에 아마 문 변호사님이 노 변호사님한테 얘기를 했던 모양이에요. '이호철이가 노 변호사님한테 돈 받아가지고 가다가 잃어버려서 나한테 돈 빌리러 왔더라, 돈은 메꿔놓은 모양이더라' 그랬겠죠. 그러니까 '바보 같은 게 잃어버렸으면 잃어버렸다고 하면 되지, 뭘 또 그걸 메꿔 넣냐' 그렇게 얘기한 일이 있었 대요. 그 사건을 가지고 저하고 노 변호사님이 대화를 주고받은 적은 한 번도 없는데 문 변호사님을 통해서 그 얘길 들었죠. 여하튼 당시에 그렇게 유인물을 찍으면 저나 다른 실무자가 같이 가서 새벽에 들고 나온다든지, 아니면 퇴근하고 나서 11시쯤 돼가지고 인쇄 물량이 나오면 나르고 했거든요. 그런데 10만 부를 찍으면 아까 말했다시피 뭉치 스무 개예요. 유인물은 찍는 것도 문제고 배달도 문젠 거예요. 우린 차도 없고 운전할 줄도 모르는데, 노 변호사님은 차도 있고 운전도 하시니까 '배달 좀 해주십시오' 이렇게 된 거죠. 인쇄를 10만 부, 몇만 부씩 할 때면 거의 노 변호사님이 오셨어요. 때로는 한밤중에, 때로는 새벽 4시나 5시쯤 만나가지고 그걸 같이 싣고 아까 말했던 몇 군데 대학 앞에다 떨어뜨려 주는 운전기사를 하신 거예요. 어느 날은 걱정이 돼서 사모님이 같이 나오셨더라고. '운전은 내가 더 잘한다' 이러면서 정말 미안하게 배달을 해주시고 그랬던 적이 있죠. 하여튼 그때 저는 운영비 때문에 노 변호사님을 주로 만나기도 하고, 한밤중에 유인물도 돌리고 다니고 이러니까 안 가까워질 수 있겠습니까? 돈을 조달해주고 유인물을 같이 배달하고 그 당시로서는 굉장히 고마운 사람이죠. 거기다 시국사건, 노동사건 다 맡아서 하시지. 그러니까 87년에 직접 길거리에서 시위를 주도했던 것이 학생들이었다면 국민운동본부 내에서는 노 변호사님이 실질적인 야전사령관이 맞죠. 그렇게 시위에도 직접 참여하고 앞장서기도 하셨어요. 또 가톨릭센터 앞에서 농성할 때 보면 사회를 봐요.* 한 시간 반 동안. 그 당시만 하더라도 변론은 잘하시지만 목청이 안 트여가지고 뒤에서는 잘 들리지도 않고 좀 부끄러움도 타시고 이래가지고 사회를 썩 잘 보지는 않았어요. 다만 '저 사람이 누꼬?' 하고 사람들이 묻는 정도였죠. '노 변호사' 이러면 학생들이나 재야 쪽에서는 아주 유명해서 학생들 요청이나 초청 강연도 그때부터 들어오고 그렇게 됐죠.

실질적인 '야전사령관'의 면모였다?

이호철 당시 같이 활동하셨던 분들이 신부님, 목사님, 변호사, 작가, 이런 분이었어요. 교수님들은 별로 안 하셨던 것 같고. 부산민주시민협의회든 국민운동본부든 스무 명의 어른이 주로 움직이셨는데, 그중에서 가장 열정적이고 가장 행동적이었어요. 또 가장 헌신적이었고 물질적으로도 가장 지원을 많이 했지요. 노동사건이나 시국사건을 거의 다 했으니 본인의 변호사 업무로서도 많이 했고, 강연이나 가두투쟁 부분도 타의 추종을 불허할 정도였죠. '노변' 하면 이미 87년에는 이쪽에서 유명했습니다. 부산·경남·울산 이쪽에서

• 1987년 6월 28일 가톨릭센터에서 노무현의 사회로 진행된 '시민대토론회'를 말한다.

[사료번호 42716]

1988년 첫 선거공보물 〈긴급특보!! 사람사는세상이 돌아와!〉 에 인쇄된 연설 사진.

는 유명했죠. 노동사건이 생기면 전부 노 변호사님 사무실에 대부분 다 와서 노 변호사님과 문 변호사님이 나누어서 했어야 될 정도였던 걸로 알고 있고, 경찰이나 안기부 쪽, 검찰에서도 전부 너무나 유명한 변호사였죠. 변호사가 변론을 하면 되는데 학생들하고 같이 싸워버리니까 법조계에서도 운동권 변호사라고 소문이 다 나고. 그러니까 기업이나 이런 데에서 사건이 들어오겠습니까? 안 들어왔죠.

대우조선 이석규 사망사건으로 거제도에도 같이 가셨죠?

이호철　이게 날짜가 1987년 8월 22일인데요, 당시 7~8월, 약 두 달 조금 못 되는 기간 동안에 많은 일이 일어납니다. 6·29선언이 있고 나서 노동자대투쟁이 일어나는데, 울산·마산·창원 중심으로 대규모 노조 설립과 대규모 노동자투쟁이 일어나고요, 부산 같은 경우에도 노조 설립하는 노동자들의 투쟁이 아주 많이 일어났죠. 실질적으로 거의 한두 달 사이에 200건 이상의 노조 설립 신고라든가 노동쟁의가 있었던 걸로 알고 있고. 노동자들이 도움받을 데가 없으니까 국민운동본부 내에 노동특위를 만들게 됩니다. 두 달 정도 국민운동본부를 중심으로 해서 거의 밤새워서 일을 했죠. 6·29 전까지는 대규모 시위였다면 그때부터는 노동상담에서부터 노조 설립 상담, 임금인상투쟁 지원 이런 것으로 형태가 바뀌게 된 거죠. 그에 비해 울산·창원의 당시 현대자동차, 현대엔진, 현대중공업 이런 쪽의 파업은 굉장히 컸고요. 그 전후한 시점에 거제도의 대우조선에서 이석규 씨가 사망하죠. 제가 그때 국민운동본부에 있었는데 새벽 2시경에 전화가 왔어요. 경남국민운동본부였나, 거제도 어디에서 왔거든요. 85년부터 노무현 변호사님은 부산·울산·마산·창원·거제도 이쪽에 노동상담을 쭉 하러 다니셨기 때문에 노동운동그룹 내에서는 노무현 변호사님이 노동상담을 제일 잘하고 말을 잘 들어주신다, 이런 게 있어서 그쪽에서 딱 찍어서 노 변호사님께 진상조사단으로 와달라는 전화를 제가 받았고 바로 댁으로 전화를 했죠. 미안하기도 했지만 사람이 죽었다는데 어쩌겠습니까? '사람이 죽었다는데 변호사님 좀 와달라고 합니다' 그러니까 한밤중인데 '가자' 그러시더라고요. 어떻게 가냐고 하시길래 '변호사님 차로 가야 될 것 같습니다' 그러니까 새벽 5시까지 집으로 오라고 그래서, 노 변호사님이 직접 운전을 하시고 제가 동승을 해서 같이 거제도로 넘어갔죠. 노 변호사님은 진상조사단으로 부검도 하러 가고 조사도 하고 협상 테이블에도 들어가고, 저는 실무자였으니까 주로 노조원들하고 같이 얘기하고 상황 파악하는 식으로 역할 분담이 있었죠. 현장에서는 집회가 거의 매일 있었으니까 노 변호사님이 사회도 보고 그러셨어요. 노동자대투쟁이 폭발하던 시기에 터진 사건이라 전국적으로 굉장히 관심을 끌었고, 이상수* 변호사님과 이소선** 어머님도 오시게 됐던 것 같습니다. 하여튼 타결이 나고 차를 타고 같이 거제도에서 나왔거든요. 그러고 한 일주일 전후해서 신문을 보니까 둘 다 수배가 됐더라고요. 저는 젊고 총각이니까 집에 안 들어가면 되는데, 노 변호사님은 재판도 해야 되고 그러니까 집으로 들어가셨죠. 들어가셔서 몇 번 소환 요구가 오고 해서 연행되어 가신 걸로 그렇게 알고 있습니다. 그러니 제가 얼마나 노 변호사님이나 사모님한테 미안하겠습니까? 무던히 잘 있는 사람한테 이유야 어쨌든 제가 전화하는 역할을 맡게 된 거니까요. 안 그래도 노동사건 맡으면서 월급밖에 안 받아가셨는데 구속까지 되셨으니 제가 완전히 나쁜 놈이 된 거죠. 게다가 저는 수배가 해제돼서 구속도 안 됐어요. 그런데 노 변호사님은 그걸로 변호사 자격까지 정지됐잖아요. 저한테는 완전히 마음의 빚이 된 거죠, 사모님한테도 그렇고.

● 1982년부터 인권변호사로 활발히 활동했으며 대우조선 이석규 사망사건과 관련, '노동쟁의 조정법상 제3자 개입 금지 위반' 혐의로 한 달간 구속된다. 13대 국회에서 노무현, 이해찬과 '노동위 삼총사'로 활약했고 참여정부에서 노동부장관을 역임했다.

●● '노동자의 어머니'로 불리는 전태일의 어머니이다. 1970년 아들의 죽음을 계기로 노동운동에 참여했다. 1986년 전국민주화운동 유가족협의회(유가협)를 창립해 1993년까지 초대 회장으로 활동했다. 2011년 9월 3일 심장질환으로 별세했다. 이소선은 2009년 12월 31일자 〈한겨레신문〉에 실린 인터뷰에서 다음과 같이 당시를 회고했다. "노무현 대통령과 이상수 변호사는 대우조선의 이석규가 죽었을 때 닷새 동안 함께 싸웠지. 경찰이 덮치기 직전에 같이 있던 두 변호사에게 있는 돈 다 내놓으라고 했지. 너희는 변호사니까 굶진 않을 거 아니냐. 우리 노동자들은 밥값도 없다, 그랬지. 두 사람은 지갑을 털어주고 경찰과 협상하러 간다면서 내게 카메라와 서류를 잘 지켜달라고 했지. 변호사니까 안 잡아가겠지, 했던 거지. 그런데 웬걸, 바로 잡아가더라고. 별수 있어? 종덕이, 우리 청계 식구들 데리고 냅다 도망갔지." 대통령 된 다음 어머니를 청와대에 초대한 노 대통령은 대뜸 그때 얘기부터 꺼냈다. "어머니 그때 말이에요, 제 카메라하고 서류 다 버리고 혼자 살겠다고 도망가셨잖아요, 그럴 수가 있어요, 하더라고. 그래 내가 뭐라나. 대통령 되신 분이 점잖게 못하게 뭐 그런 말씀을 하세요, 했지. 그랬더니 아 그렇지요 제가 대통령이지요 그러면서 웃더라고. 참 착한 분이었어."

접견 가시거나 재판에 가시기도 했습니까?

이호철　당시 저도 수배가 돼서 접견은 못 갔고요, 재판 과정은 문 변호사님이 거의 전폭적으로 도와주셨고 제일 잘 알고 계시죠. 당시 부산 시내 전체 변호사 숫자가 얼마 안 됐대요. 그러니까 99명이라는 건 거의 다 들어오다시피 참여를 한 거죠.* 아주 고마워했다는 얘기를 문 변호사님을 통해 들었던 적이 있습니다.

---

* 《문재인의 운명》에는 "노 변호사 변호인 수는 무려 99명이었다. 당시로서는 사상 최대 규모 변호인단이었다. 그중 부산 변호사들이 91명이었다. 당시 부산변호사회에 등록된 변호사 수가 120명가량이었다. 등록만 해놓고 활동하지 않는 분들을 제외하면, 실제 활동하는 변호사들은 거의 빠짐없이 참여했다. 내가 일일이 찾아다니며 선임계를 받았는데 모두 흔쾌히 동의해줘 힘들지 않았다. 더 고마운 것은 구속적부심사를 하는데, 대부분 직접 법정에 다 나왔다. 변호인석에 그 많은 좌석이 있을 리 없었다. 방청석까지 변호인들로 가득 찰 정도였다. 재판장이 변호인의 출석 여부를 확인하는데, 방청석에서 끊임없이 '예' 하며 손을 들었다. 변론을 입으로 하지 않더라도 그 자체로 말없는 변론이 됐다. 결국 구속 23일만에 구속적부심에서 석방될 수 있었다"고 당시를 기록하고 있다(68쪽).

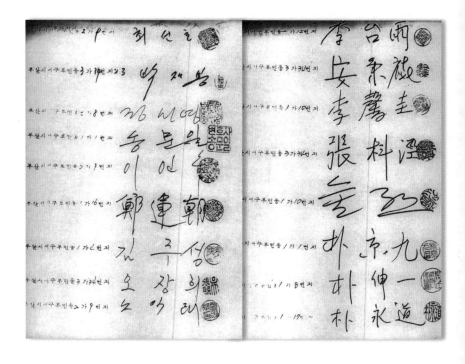

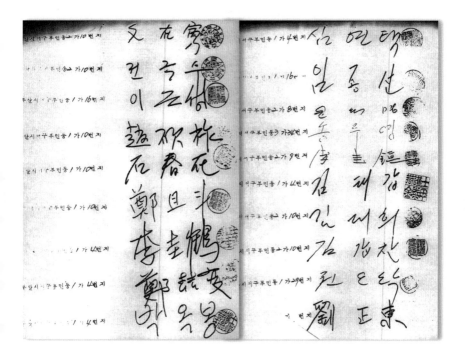

노무현의 석방을 요구하는 1987년 9월 21일자 구속적부심사청구서.
변호인단 91명의 서명이 실려 있다. 부산지방변호사회 소속 변호사들을 비롯해
서울에서 고 조영래, 박원순 등이 참여했다. 영화 〈변호인〉에서 재판장 호명에
변호인단 한 명 한 명이 일어서는 마지막 장면의 실제 자료이기도 하다.
이듬해인 1988년 2월 22일 노무현이 100만 원의 벌금형을 선고받기까지
재판에 참여한 변호인단은 서울의 한승헌, 이돈명 등을 포함해 총 99명이었다.

사회과학도서 한 권 안 읽은
변호사에서 투사로

구술자 전점석은

1951년에 출생한 전점석은 1971년 인하대학교 건축학과에 입학했다. 기독교학생회 (KSCF) 학생사회개발단, 인천도시산업선교회 등을 통해 경험한 판자촌 생활, 동일방직 노동자와 만남은 사회 현실에 눈을 뜨는 계기가 되었다. 한국신학대학원에 입학한 1976년, 학내 민주화운동 경력이 문제가 되어 긴급조치 9호 위반으로 구속된 후 영등 포와 안양 교도소에서 1년간 징역을 살았다. 출소 후에도 대구 · 구미 등지에서 노동자들을 위한 활동을 펼치던 중, 1979년 10 · 26 직전에 경북도경에 연행된 데 이어, 이듬 해에 5 · 18이 일어나자 헌병대로 끌려가 격리 수용당한다. 이후 선배의 권유로 1981년 3월 부산YMCA에 입사하여 사회개발부장, 시민중계실장으로 일하면서 노동청년 지도력 육성, 중등교육자협의회(전교조의 모태) 창립지원사업을 펼쳤다. 그러다가 1981년 부산에서 노무현을 만난다.

1987년 진주YMCA 사무총장, 2002년 창원YMCA 사무총장으로 일하다 2011년에 퇴임했다. 2015년 현재 경남협동조합협의회, 경남햇빛발전협동조합 이사장으로 여전히 왕성하게 활동 중이다.

● 1981년부터 1987년까지 전점석의 부산YMCA 재직 기간은 노무현의 변모 과정, 딱 그 시기에 걸쳐 있다. 그러면서 부산민주시민협의회나 부산국본이 아닌, YMCA라는 단체에서 지켜본 노무현 이야기라는 점은 그의 구술이 가진 미덕이기도 하다. '피상담원들이 당한 일이 아주 부당하면 오히려 변호사님이 더 흥분을 해서 우리가 말리기도 했다'는 시민중계실 상담 일화나 '초기에는 사회과학도서를 한 권도 안 읽은 것 같았던' 노무현이 부림사건 변론을 맡으며 '내가 변호사 잘해온 건가, 이런 생각이 든다'고 고민을 토로하는 모습은 익숙하면서 새롭다. 근로청소년학교, 무료법률상담 등 1980년대 초기의 잘 알려지지 않은 YMCA 활동도 들을 수 있다.

전점석의 구술은 2012년 8월 29일 창원시 사림평생교육원에서 진행된 면담 내용 가운데 해당 시기를 발췌·정리한 것이다.

전점석　　저는 71학번이니까 유신 때 대학 생활을 하면서 학생운동과 관련된 활동도 하고 또 도시산업선교회 활동, 학보사 기자 활동을 했습니다. 그러면서 당시 민청학련사건˚도 크게 경험하고 방학 중에는 공활(공장 활동)에 꽤 많은 대학생이 참여를 했는데, 그런 경험

● 유신정권하의 대표적인 공안사건이다. 1974년 4월, 박정희는 '전국민주청년학생총연맹(민청학련)'이라는 불법단체가 불온세력의 조종을 받아 반국가단체를 조직하고 국가를 전복하려 했다며, 180여 명을 구속·기소하고 모든 학생운동을 금지시켰다. 2005년 국가정보원 과거사건 진실규명을 통한 발전위원회는 이 사건을 '학생들의 반정부시위를 인민혁명 시도로 왜곡한 학생운동 탄압사건'이라고 발표했다.

이 대학 졸업 이후에 사회 활동을 하게 된 직접적인 계기라고 할 수 있습니다. 대학을 졸업하고 긴급조치 9호 위반으로 징역을 살고 나와서 노동 야학 활동을 하다가, 대구에 있을 때 1980년 5·18이 터지니까 50사단 헌병대로 격리 수용됐는데 그 후에 운동하기가 좀 곤란한, 불편한 입장이 되었죠. 한 1년간 좀 쉬다가 서른이던 1981년 2월에 부산YMCA에 들어갔습니다. 그렇게 부산에서 지역운동에 참여하게 됐는데, 1981년 부산YMCA를 시작으로 2011년 창원YMCA에서 정년 퇴임할 때까지 한 30년간 YMCA를 거점으로 이런저런 활동을 했지요.

그럼 부산을 떠나신 게?

전점석　1987년 7~8월쯤 됩니다.

1981년부터 1987년까지면 노 대통령에게도 중요한 시기였는데요, 초기 부산YMCA 활동과 대통령님이 참여한 과정에 대해 말씀해주시죠.

전점석　그러니까 부산YMCA에서 1981년에 사회개발부라는 부서를 처음으로 만들어서 제가 부장으로 가게 된 건데요, 김광일 변호사님, 최성묵 목사님이 YMCA 이사를 맡고 계셨죠. 사회개발부 사업을 하나씩 넓혀 나가는 데 제일 먼저 시작한 게 그 당시 표현은 근로청소년교실, 말하자면 야학이었습니다. 초기에 소설가 윤정규 씨, 언론인 조갑제 씨 같은 분들과 사회개발위원회를 구성하고, 거기에 검토를 거쳐서 YMCA 활동을 시작한 지 4개월 만에 야학을 여러 군데에서 했습니다. 사상공단, 반여(동), 문현(동), 괴정(동) 한꺼번에 네댓 개 지역에서 동시에 시작을 했고 주로 부산대학교, 동아대학교, 수산대학교 대학생들이 자원봉사로 야학을 선택하면, 근로청소년들을 모집해서 6개월짜리 한 학기 과정으로 계속 진행했으니까 인력이 많았죠. 가끔씩 회원 엠티(MT)도 가고 여름철에는 캠프 활동도 한 10여 년 걸쳐 매년 진행을 했습니다. 그 과정에서 우리 대통령님께서 참여하시기도 하고 거들어주시기도 하고 그러셨죠. 야학이 안정적으로 진행되고 난 이후 저는 시민중계실 활동을 하게 되었습니다. 힘없는 사람이 억울한 일을 당하지 않도록 어떻게 예방하고 사후에는 어떻게 도와드릴 것인가 이런 게 취지였는데, 그래서 82년 3월에 정식으로 개관했을 때 무료법률상담을 운영하게 된 거죠. 무료법률상담은 YMCA 차원에서는 서울에 이어 전국에서 두 번째이고 부산에서는 처음이었습니다. 시민중계실은 가전제품에 관한 소비자 문제뿐만 아니라 민사와 관련된 손해배상 문제를 포함해 다양한 사안을 다뤘는데, 그 당시엔 일반인들이 변호사하고 대화를 한번 나눠본다는 것도 상상하기 힘들 정도로 변호사 사무실 문턱이 굉장히 높았으니까. 시민중계실을 개소했을 때 굉장히 호응이 좋고 상담 건수가 굉장히 많았습니다. 그래서 저 혼자 시작했다가 직원이 새로 들고 막 늘어났죠. 또 몇 달에 한 번씩 '몇 월 며칠 날, 몇 시부터 몇 시까지 어느 변호사님이 무료법률상담을 합니다' 이렇게 언론에 홍보하고 홍보물을 돌리면, 그 당시에는 아주 시민중계실 앞에 줄을 섰습니다. 그래서 변호사분들이 굉장히 고생을 많이 하셨는데 우리 노무현 대통령님, 문재인 변호사님도 참여를 많이 하시고 그래 오셨죠. 처음에 저는 노무현 변호사님을 잘 몰랐댔습니다. 김광일 변호사님, 최성묵 목사님으로부터 노무현 변호사님을 소개받은 것으로 기억하고, 그 당시 시민중계실에 곗돈 떼이는 거 하고 주택임대차보호법이라는 게 없었던 시점이었기 때문에 전세 보증금을 돌려받지 못하는 사건이 심각하게 많이 접수됐는데, 노무현 변호사님께서 민사소송 쪽에 특별히 변론을 잘해오신 분으로 소문이 났고 저희도 그렇게 소개를 받았고 해서, 그런 쪽으로 노무현 변호사님을 강사로 모시고 상담도 많이 하셨댔습니다.

그럼 선생님께서 부산YMCA에서 처음 맡아서 한 일이 사회개발부의 근로청소년학교였고 거기에도 대통령님이 참여하셨고요?

전점석　그렇습니다. 그리고 82년 3월부터 시민중계실 일을 하면서

1986년 부산YMCA의 노동자교실(경남 거창 갈계마을)에서 강의하는 노무현.

[사료번호 41025]

1986년 경남 거창 갈계마을에서 열린
부산YMCA의 노동자교실 수강생들과 기념 촬영하는 노무현.
사진 맨 오른쪽에 서 있는 사람이 구술자 전점석이다.

변호사님과 무료법률상담을 통해 본격적으로 같이 일을 하게 된 거죠. 처음 뵀을 때는 굉장히 씩씩했습니다. 사회운동에 대한 깊은 인식이라든가, 그런 건 솔직히 많이 느껴지진 않았지만. 또 그런 대화를 특별히 나누지도 않았고요. 그러나 힘없는 서민에 대한 애정이랄까, 사회가 이래도 되나? 이런 아주 순수한 의협심이랄까, 그리고 정치적이든 경제적이든 어떤 분야든지 간에 정의롭지 못한 일은 그냥 넘어가는 성격이 아니었던 거 같습니다. 그게 인제 부림사건 변론을 맡는 것을 계기로 정치적 각성이라고 표현해야 될지 혹은 정치적 결단이라고 표현해야 될지 그렇게 발전한 것 같은데, 초기에는 정치 감각이라든가 그 당시 정치체제에 대한 문제의식 그런 건 거의 없었던 것 같습니다. 당시에 사회과학도서 읽는 게 유행이었는데, 좀 심하게 얘기하면 제가 만난 초기에는 사회과학도서를 한 권도 안 읽은 것 같습니다. [웃음] 그렇지만 시민중계실 무료법률상담 활동에 굉장히 열심이셨습니다. 아주 보람 있어하셨고. 상담할 때는 피상담원이 흥분해도 상담자는 객관적이고 냉정해야 되는 게 원칙인데, 피상담원들이 당한 일이 아주 부당하면 오히려 변호사님이 더 흥분을 해서 우리가 말리기도 하고. [웃음] 그래서 만난 지 얼마 안 됨에도 불구하고 변호사 사무실을 자주 찾아뵙기도 하고, 뭐 어려운 거 있거나 야학에 필요한 일이 있을 때 가서 의논드리면 언제든지 흔쾌히 시간을 내주시기도 하고 지원을 해주셨습니다.

무료법률상담 하실 때 기억나는 에피소드는 없으신가요?

전점석   시민중계실 할 때 사람이 참 많이 왔죠. 시민들이 줄을 서
니까 상담원들이 먼저 피상담자를 만나서 얘기를 쭉 듣고 육하원칙
에 따라 상담카드를 작성합니다. 그러면 상담카드를 들고 상담하러
오신 분이 변호사님을 만나러 개별 상담실로 들어가는 겁니다. 노
변호사님은 보통 오전에는 사무실 볼일 보시고 재판 없는 요일 정해
서 오후에 2시쯤 오시면 6시까지 하는 게 원칙이었는데 보통 한 7시
까지 가기도 했고요. 어느 날엔가 변호사님은 상담하시고 저는 밖에
있었는데 '전 부장' 하고 찾는 겁니다. 가니까 법전을 좀 보자고. 그
래서 가져다 드린 다음에 뭐하는고 딱 보니까, 법전을 이래 보시면
서 어떤 부분을 찾아서 그 법률에 대한 설명을 쭉 이렇게 해드리고
있더라고요. 6시 넘어서 상담을 다 마치고 난 다음에 우리끼리 이렇
게 몇 명 앉아서 '아니 변호사분이 법률을 몰라서 상담을 하시다가
법전을 찾는 게 좀 이상합니다, 실력이 없으신 거 아닙니까' 이런 식
의 농담을 했더니만, 오히려 '아, 전 부장, 잘 모르네. 변호사가 뭐, 법
을 달달달 외우는지 알아? 궁금한 게 생기면 이런 건 법전 어디쯤에
보면 뭐가 있겠다, 답이 있겠다, 그거 아는 게 변호사라고' 이런 얘기
를 해주셔서 [웃음] '아, 그렇습니까? 나는 만물박사인 줄 알았습니다'
그런 농담을 허물없이 아주 자연스럽게 나누는 스타일이셨죠. 속
에 담아놓거나 하는 스타일은 아니셨던 거 같습니다. 한번은 MBC

라디오였던 것으로 기억하는데, 노 변호사님이 먼저 출연하시고 내가 뒤에 했던 적이 있었어요. 고정 프로그램에 출연하게 되면 몇 푼이든지 간에 출연료를 주게 돼 있죠. 저는 출연료를 받으면 내가 갖고 올 이유가 별로 없다고 생각했습니다. 언론사에서 우리를 방송해주면 안타까운 일이 발생될 가능성을 줄여주는 예방 효과가 있고 또 꼬인 문제는 풀려나갈 가능성이 커지니까, 실무자 입장에서는 출연시켜준 것만 해도 고마웠죠. 그래서 출연료는 당연히 '아이고 마, 식사라도 하십쇼' 이렇게 일종의 반납 혹은 후원을 하는 차원이었는데, 그렇게 하는 것을 보시고 변호사님이 '전 부장, 그거 잘하는 거 아닌데'[웃음] 그러시더라고. 그래서 '어때서요?' 하고 물어봤습니다. 변호사님 말씀은 '출연해서 출연료로 받는 건 돈에 욕심이 있어서가 아니라 당연히 받아야 하는 거라고. 다시 돌려주게 되면 다른 사람도 다시 줘야 하나 말아야 하나 그런 고민을 하게 만들 가능성이 있단 말이지. 사람을 공연히 시험에 빠뜨리는, 아주 안 좋은 긴데' 그런 내용이었어요. 가만히 생각해보니 백번 옳은 얘기다, 싶더군요.

〈부산일보〉에 법률상담 연재를 하신 건 알고 있는데 라디오에서도 법률상담°을 하셨나요?

전점석 라디오 상담도 하셨어요. 재밌게 잘하셨습니다. 법률용어라는 게 딱딱하지 않습니까? 근데 아주 그 우스개 섞으시면서 듣는 사람이 소화가 잘되도록 재밌게 얘기를 해주신 것 같습니다. 상담을 하다 보면 안 되는 일인데도 억지를 부리는 분도 있어요. 그런 경우에는 그냥 딱 잘라주시기도 하고, 아주 분명했죠. 제가 알기론 당시에 라디오에 출연해서 법률상담을 하던 변호사는 노 변호사님뿐이었던 걸로 기억합니다.

부림사건 변론을 계기로 어떤 변모 과정이 느껴지던가요?

전점석　나는 처음에 부림사건 변론을 맡았는지 몰랐어요. 한번은 인자 저희 시민중계실에 오셔서 만났는데 진지하게 '야, 전 부장. 이거 내가 요새 잘하는가 모르겠다' 좀 황당하다는 그런 표정으로. [웃음] 그게 진짜로 내가 잘못 맡았다 이런 생각에서 얘길 끄집어낸 게 아니고 오래간만에 만나기도 하고 친한 관계니까, 근자에 있었던 좀 특별한 일을 저한테 얘기하는 그런 분위기였으니까. 제가 듣기에도 '이분이 하기 싫어서 내한테 이런 얘길 하는 게 아니구나' 싶었습니다. '내가 변호사 생활이 긴 건 아니지만 그래도 어렵게 변호사 돼

● 구술자 장원덕도 같은 기억을 갖고 있다. "예를 들어 이혼사건이 나온다면 '남편이 그렇게 많이 때리면 안 되지요. 부엌에 가서 설거지하고 밥하는 사람 그렇게 때리면 되겠어요? 이 방송 듣고 있는 남자들, 좀 반성하세요. 안 그렇습니까? 사모님, 아줌마들 그렇지요?' 이런 식으로 한 거죠. 그러니까 택시 기사들도 많이 들었지요."

갖고 변론해주면 사람들이 다 고마워하는데 오히려 내가 변호사 이리 해가 되나, 변호사 잘해온 건가 이런 생각이 들게 하는 경우는 이번에 처음 당해본다' 그러시더란 말이죠. 부림사건을 맡아서 변론을 준비하기 위해 주례교도소* 가서 대학생들 면담을 했는데 돌아오는 발걸음이 무겁더라, 이런 얘기입니다. 일반적으로는 '내가 이러이러한 일을 했는데 잘못했으니 한 번만 봐줬으면 좋겠습니다' 이렇게 나오면 변호사도 '개전의 정이 있으므로 형을 낮추어 주시기 바랍니다' 이렇게 변론하면 수월한데 전혀 뭐, 오히려 잘했다고 그러니까 변호사가 뭘 할지도 모르겠고. 그다음에 왜 잘했다고 하는지도 이해가 잘 안 되고. 그래서 우선 궁금하게 여긴 것 같습니다. 도대체 이 대학생들 사고가 어떤 사고인지 궁금해서 학생들이 읽었다는 책을 내가 한번 읽어봐야 되겠다, 〔웃음〕 그런 얘기를 하서서 속으로 '아, 참 좋은 기회다, 좋은 기회를 맞이했다' 이런 생각을 하면서 '꼭 읽어보십쇼, 내가 보기엔 굉장히 좋은 책입니다' 그런 얘길 했던 기억이 납니다. 그 후에 뵈니까 그런 책을 읽고 학생들의 당당함을 이해하게 되고 공감하게 되고, 그래서 학생들의 정당성을 대신 주장하는 변론 단계를 점차 넘어서서 그 주장이 자신의 주장이 되는 그런 변화의 과정을 쭉 거치면서, 84년도에 공해문제연구소라고 하는 공개기구가 하나 더 만들어지지 않습니까? 거기에 임원으로 참여하게 되

---

* 현 부산구치소이다.

고, 그다음에 부민협에 책임 있게 참여하고, 부산국본에서 반독재 운동의 핵심조직인 상임집행위원회 중책을 맡아 다양한 계층을 이렇게 아우르는 활동을 하시니까, 81년에서부터 87년까지 6년에 걸쳐 굉장히 놀라운 변화가 있었던 셈이죠. 반독재운동 선상에서는 굉장한 우군이었지. 왜냐하면 86년에 대청동 문화원 옆에서 국본집회 할 때는 인간사슬*을 하지 않았습니까? 앞줄에 최(성묵) 목사님, 김(광일) 변호사님하고 같이 쫙 서서 인간사슬 했을 때 생각하면 6년간 그 개인이 겪은 심리적인 변화랄까, 고민의 결과가 보이지요. 어지간한 사람 같으면 중간에서 탈락되지. 고민이 버거워서 전선에 뛰어들기보다 뒤로 물러나기가 쉬운데, '본래 갖고 있었던 의협심이 결국은 투사로 나서도록 한 것 아닐까' 이렇게 전 생각하고 있습니다.

민주화운동에 본격적으로 뛰어들면서의 면모는 어땠나요?

전점석　김광일 변호사님은 오랫동안 정보기관의 일대일 감시 대상이 되고 했기 때문에 아무래도 노련하셨죠. 우리 노 변호사님은 반

---

* 1987년 6월 18일 오후 6시부터 전국적으로 벌어진 '최루탄 추방의 날' 집회를 말하는 것으로 보인다. 이날 시위대는 전투경찰의 연행에 대항해 서로서로 팔깍지를 끼고 바닥에 드러눕는 비폭력투쟁을 벌였다. 부산에는 30여만 명의 시민이 모였는데, 서면으로 행진하던 이태춘이 최루탄을 앞세운 경찰의 강경 대응으로 고가도로에서 추락해 사망했다. 25일 노무현은 부산국본을 대표해 이태춘의 부검을 참관하고, 27일 치른 노제에서는 영정을 들고 행진했다.

독재운동에 뒤늦게 합류했으니까 정보기관과 만날 때도 혈기가 앞섰다고 할까요. 예를 들어 정보기관에서 와서 좀 귀찮게 할 때 김 변호사님은 구슬리기도 하고 그랬다면, 우리 노 변호사님은 정색하며 퇴짜를 놓는 그런 차이가 있었던 거죠. 그 당시 한 83~84년경에 부산 쪽 재야 원로들이 노 변호사를 보시기에는 순수하다, 혈기 왕성하다, 요령이 좀 부족하다, 이런 생각이셨던 거 같은데 그게 더 소중한 것 아니겠습니까? 그 에너지가 길게 운동하도록 만드는 것이기도 하니까 그런 점에서 최성묵 목사님, 송기인 신부님은 노 변호사님에 대한 신뢰가 굉장히 컸던 것 같습니다. 인권위원회**에서는 반독재 이슈보다 그로 인해서 구속되거나 연행된 문제를 다뤘기 때문에 무엇보다 변호사 법률상담이 필요했는데, 변호사 중에 이 일에 적극 나서 주시는 분들이 당시에 거의 없었죠. 왜냐하면 법률상담만 해줘도 정보기관으로부터 찍히니까. 변호사 사무실에 정보기관 애들이 왔다 갔다 한다는 소문이 나면 변론 수임에 막대한 지장이 있으니까 다들 불편해했습니다. 노무현 변호사님은 불법 연행 사실에 대해서 부당하다고 생각하는, 말하자면 '이런 부당한 일을 모르는 척할 수 없다'는 의협심, 순수한 열정이 있었던 것 같습니다. 그래서 부산NCC(부산기독교교회협의회) 인권위원회 활동을 거들고 송기인 신부

** 한국기독교교회협의회의 산하단체 가운데 하나이다. 부산인권선교위원회(정식 명칭)는 1984년 3월 19일에 설립되었다. 인권에 관한 법률구조 활동과 상담, 양심수 석방운동 등을 벌였으며 최성묵은 총무, 노무현은 김광일과 함께 법조 분야 전문위원으로 참여해 활동했다. 앞선 고호석 구술에도 관련 내용이 나온다.

[사료번호 42683]
1987년 7월 9일 부산역 광장에서 거행된
'고 이한열 열사 추모집회'에서 연설하는 노무현.
1988년 4월 첫 선거 과정에서 제작한 공보물에 실려 있다.

님, 최성묵 목사님 이런 분들과 굉장히 깊은 상호 신뢰를 바탕으로 하는 동지적 결속이 생겼지요. 특별히 최성묵 목사님의 신뢰가 굉장히 컸던 것으로 기억합니다. 여담이지만 노 변호사님은 성직자에 대해서는 신뢰를 하는데 종교 일반에 대해서는 뭐랄까요, 좀 자유로웠습니다. 초기에 그런 면모가 강했습니다. 당시 남천동에 변호사님 집이 있었지 않았습니까? 우리가 놀러를 몇 번 갔지. 광안리해수욕장 그 앞에 같이 어울려서 한잔 하기도 하고 주말에 가족들하고 같이 어울리기도 하고. 요트동호인모임을 아주 재미있어했습니다. 어디에 얽매이거나 강박관념 때문에 하는 것을 좀 싫어하는 스타일이셨어요. 하지만 반독재운동 하고부터는 그런 생활이 같이 갈 수 없었고 우선순위가 옮겨져 왔죠.

그러면서 87년까지 쭉 지켜봐 오신 거죠?

전점석   그렇죠. 부림사건을 맡으시면서 변화하는 과정이 보이지요. 이후에 중간중간에 만나서 보면 점차 발동이 걸리는 것이죠. 그동안에 우선순위로 했던 일을 오히려 뒤로 미루고 그러면서 82년 이후에 문재인 변호사님께서 변호사 사무실에 합류를 하게 될 겁니다. '내부 일은 문 변호사가, 외부 일은 내가' 이러면서 아예 바깥일에 더 시간을 안배하시더라고. 86년도에 거창에서 노동자캠프를 할 땐데,

거창읍에서도 한참 들어가야 있는 갈계숲에서 캠프를 했거든요. 거기를 퇴근하고 밤늦은 시간에 혼자서 차 몰고 오셔서 노동자들하고 같이 어울리시고 그다음 날 먼저 가시고 그랬습니다.* 그전에 공해문제연구소 창립에도 참여하시잖아요? 공해문제연구소 창립 멤버들을 저도 잘 아니까, 84년도 설립 준비 과정에서 노 변호사님은 직책을 사양했던 것으로 기억합니다. 이름을 걸면 그냥 형식적으로 하는 스타일이 아니니까. 하여튼 열심히 하면서 잘 진행되건 안 되건 의견을 내는 스타일이지, 이름만 걸고 나중에 '뭐, 어쩔 수 없이 했지' 이런 스타일이 아니니까. 본인이 자신의 스타일을 아시니까 처음에는 좀 사양했지만 결국 같이하는 쪽으로 됐지요. 공해문제연구소에 많은 사람이 모여 있어서 그런 것을 통해서도 군사정권이나 정세 분석과 관련된 다양한 얘기를 들으실 수 있었고, 그게 다음에 부민협으로 연결돼서 직접적으로 반독재운동 전선으로 나서고 그렇게 변화하신 것이죠. 부민협 창립총회도 기억이 납니다. 창립총회를 저희 부산YMCA에서 했으니까요. 그날 행사를 원천 봉쇄해서 외부인이 못 들어오게 막으니까 젊은 실무자들은 일찌감치 1층 지하 다방에

● 전점석은 이 책의 출간을 앞둔 2015년 4월 23일, 이메일을 통해 1986년 노동자캠프에 관한 기억을 다음과 같이 보내왔다. '그때 노 변호사님께서 캠프장을 맡으셨습니다. 신발공장이나 봉제공장 노동자와 야학 근로청소년이 많이 참석해서 노동법 강의도 듣고, 현장문제에 대해서 토론도 했지요. 가슴 부분에 판화를 찍은 캠프용 티셔츠를 만들어서 다 같이 입었는데, 그 경비를 캠프장인 노 변호사님께서 지원해주셨습니다. 첫째 날 저녁 9시경에 캠프파이어 축제를 하면서 장작불을 중심으로 모두 둘러서서 노래도 부르고 춤도 추고, 마지막에는 올바른 삶에 대한 결단과 격려의 시간을 가졌습니다. 노 변호사님은 이 시간에 맞추어 참석하기 위해서 퇴근하고 부산에서 거창까지 오신 거죠.'

1987년 6월 27일 고 이태춘 열사의 영정 사진을 들고
마스크를 쓴 노무현이 노제 행렬을 이끌고 있다.
최성묵 목사(노무현 오른쪽)의 딸 최혜림 기증.

가 있거나 3층 제 방에 있었는데, 형사들도 짐작이 빤하니 주로 다방 가서 죽치고 있었어요. 근데 행사 순서를 맡은 임원들은 시간 거의 돼서 오시니까 이미 그때는 딱 막혀 있어서 아예 들어오지를 못해. 핵심적인 분들이 억지로 들어오려고 하고 막 이러면 거기 초량동 고관파출소로 잡혀갔다가 중부경찰서로 보내는 거야. 그래서 몇몇 분이 파출소를 갔을 때 그때 아마 노무현 변호사님도 가시고 했는데, 끌려가는 셈이니까 점잖게는 안 가셨죠. 막 싸우기도 하고, 우리 노변호사님이 제일 화를 많이 내시는 그런 모습이었죠. [웃음]

그렇게 6월항쟁을 맞으시는 거죠.

전점석　　그렇죠. 국본시위를 광복동에서 할 때가 아주 인상적이었습니다. 시위 대열이 길기도 했고. 남포동으로 해서 시위 대열이 확 불어나서 거기서 막지 못하면 커지니까 굉장히 중요한 고비라고 볼 수 있었죠. 그래서 막는 측에서도 아주 악랄하게 최루탄 같은 거를 많이 쐈죠. 앞줄이 무너지면 뒤에도 무너지는 거니까. 그래서 앞줄에 노무현 변호사님을 위시해가지고 딱 인간사슬을 만들어서 아예 드러누웠지. 굉장히 좀 겁날 만한 일입니다. 그러다가 짓밟히면 다치는 정도가 아니라 죽을지도 모른다는 그런 각오를 하지 않고서는 할 수 없는 행동이었다고 보는 것이죠. 그때 최루탄을 엄청 쐈기 때문에 인간사슬로 드러누워서 그냥 계속 울었을 기라. 계속 눈물 흘렸을 거예요. 젊은 사람들은 그래도 뒷줄에 있었으니까. 그게 준 감동이랄까, 반독재투쟁의 정당성이랄까. 사람들이 노 변호사에 대해 더 공감하고 감동하게 된 장면이었다, 이렇게 보지요. 그리고 87년 가톨릭회관 앞에서 집회*를 할 때도 변호사님이 사회를 보시면서 아주 대중적인 인물로 부각됐습니다. 그때 아마 서면에서 산발적 시위가 있다가 사람들이 가톨릭회관으로 쫙 집결했는데, 그 열기를 체계화시키는 일을 하신 거죠. 일종의 만민공동회 비슷하게 난상 토론이 벌어졌는데, 현장에서 사회를 봐서 그 열기를 쫙 승화시켰어요. 사전에 짠 각본에 의해서가 아니고 일반적인 행사에서 사회 보는 거하고는 다르죠. 그래서 그때 아주 소문이 많이 났습니다. 역량을 공인받기도 하고, 말하자면 부산 지역 민주화운동에 자타가 인정하는 공신이 된 아주 중요한 계기였죠.

---

* 1987년 6월 28일 오후 3시, 천주교 부산교구 주최로 중앙성당에서 열린 '폭력종식과 인권회복을 위한 특별미사'를 마치고 신도와 시민, 학생 5,000여 명이 평화행진을 했다. 가톨릭센터까지 이어진 가두행진 마지막에 노무현의 사회로 '시민대토론회'가 즉석에서 이루어졌다.

'2·7추모대회'란

1987년이 시작되고 얼마 되지 않은 1월 14일, 서울대생 박종철 군이 서울 남영동 치안본부 대공분실에 불법 연행되어 고문을 받고 사망하는 사건이 발생한다. 다음 날인 15일 경찰은 "책상을 '탁' 치니 '억' 하고 죽었다"는 발표로 사건을 무마하려 했으나 거짓임이 드러나 국민적 공분을 산다. 이에 고문살해의 은폐를 규탄하고 진상 규명을 요구하기 위한 '박종철 열사 범국민추모회'가 2월 7일에 재야단체와 학생·노동운동단체, 신민당 주도로 전국 여덟 개 도시에서 추진된다.

박종철의 고향인 부산에서도 광복동 대각사에서 추모대회를 연다는 사실이 알려지자, 공안당국은 최성묵 목사와 김재규 부민협 사무국장 등 70여 명에게 가택연금령을 내렸다. 또한 시 전역에서 검문검색을 실시하고 208명을 연행하는 등 공포감을 조성했다. 7일 당일에는 대회장 일대에 철저한 봉쇄가 이루어졌다. 경찰은 시위대를 향해 사과탄과 다연발탄을 마구 쏘았고, 대각사에 들어가려다 저지당한 대학생과 부산 시민 수백 명은 '종철이를 살려내라'는 플래카드를 앞세우고 반정부 구호를 외치며 시위를 벌였다.

오후 2시, 남포동 부산극장 앞에 부민협 임원인 노무현 변호사, 김광일 변호사, 김재규 사무국장, 고호석 사무차장 등의 재야인사와 민주단체 회원, 신민당원, 구속자 가족 30여 명이 모습을 드러냈다. 대각사 주변에서 경찰과 산발적 충돌을 벌이다 몰려

온 시위 군중 300여 명이 집결한 가운데 부민협 김재규 사무국장이 사회자로 나서 추모대회의 시작을 알렸다. 〈애국가〉 〈타는 목마름으로〉가 선창되고, 노무현, 김광일 변호사가 연단에 올랐다. 뒤늦게 출동한 경찰이 최루탄을 쏘아대며 집회를 해산시키려 하자, 시위대는 '독재 타도' '고문추방' 등의 구호를 외치며 국제시장 쪽으로 진출했다. 도로변에서 구경을 하고 있던 시민들도 자연스럽게 대열에 동참해 시간이 갈수록 시위 군중이 불어났다. 당시에 참여했던 많은 사람은 '오후 3시경에는 적어도 3,000여 명이 간선도로를 꽉 메우고 시위를 벌였으며, 저녁까지 시위에 참가한 사람은 2만 명이 넘었다'고 증언한다.

참고 및 발췌: 《6월항쟁을 기록하다》 4권 28~30쪽,
(사)6월민주항쟁계승사업회, 민주화운동기념사업회 2007

특히 이날 쏟아지는 최루탄 속에서 연좌시위를 하다 범일동 대공분실로 연행된 노무현 변호사를 구속시키기 위해 하룻밤 새 무려 네 차례에 걸쳐 구속영장을 신청한 '검찰의 영장발부 종용 사건'은 사회적으로 큰 파장을 일으켰다. 검찰은 형사법상 신병 처리 시한인 48시간을 넘기면서까지 현직 변호사인 노무현을 가둬두었다. 이 과정에서 차장검사 등 간부들을 동원해 부장판사를 법원으로 다시 나오게 하거나 자택까지 찾아가는 등 영장 발부를 종용했으며 법원은 이를 모두 기각했다.

이날 부산 지역 시위 참석자 가운데 경찰에 연행된 숫자는 181

명에 달한다. 그중 네 명이 구속되고 두 명이 불구속 입건, 33명이 즉심 회부, 그리고 142명은 훈방 처리됐다. 이 사건으로 노무현 변호사는 구금 사흘만에 석방됐다.

1988년 '고 박종철 열사 1주기 추모제'에서 연설하고 있는 노무현.
1월 16일 부산 중앙성당에서 열린 행사로 보인다.

1987년 2월 7일 '고 박종철 군 범국민추도회'에서 연행된
노무현에 대한 검찰의 '영장발부 종용사건'을 다룬 기사.
1987년 2월 11일자 〈동아일보〉.

III
노동 현장에서

이재영 | 문성현·이혜자 | 장상훈 | 조준식·이형로·김석동

3장 '노동 현장에서'는 노무현의 민주화운동 이력에 비해 상대적으로 덜 알려진 부분에 관한 구술이 실려 있다. 노무현은 1984년 9월 노동법률상담소를 만들며 인권변호사로서 노동사건 변론에 적극 나서기 시작했다. 상임위원으로 참여한 부산민주시민협의회에서도 이 같은 활동을 계속했다. 부민협은 출범 이듬해인 1986년에 조직을 확대·개편하면서 통일문제분과, 민주발전분과, 인권문제분과 등 여덟 개 분과를 만들었는데, 노무현은 여기서 노동문제분과를 맡았다.

노동법률상담소의 맥은 1987년 7월의 부산국본 노동문제대책특위와 1988년 2월에 노무현이 초대 소장을 맡은 노동문제연구소 등으로 이어진다.

전국 최초의 노동문제 관련 법률상담소로 알려진 노동법률상담소는 유일했던 만치 활동 반경이 넓었다. 울산·창원·거제·마산·구미공단 등을 아우르며 노동운동 관련 사건을 도맡았다. 문재인이 2011년 펴낸《문재인의 운명》에는 '나중에 87년 6월항쟁 이후 노동자대투쟁 때 부산을 둘러싸고 있는 울산, 창원, 거제는 한국노동운동의 중심이 됐다. … 그 많은 사건 거의 대부분, 어쩌면 전부를 우리가 맡아 변론했다'고 나온다. 3장 구술자인 이재영, 문성현·이혜자, 장상훈, 조준식·이형로·김석동의 구술은 그러한 활동의 일단을 들려준다.

"그때 노동법 공부 다 했다 그럽디다"

구술자 이재영은

1961년 부산에서 태어났다. 1979년에 부산상고를 졸업하고 연세대학교 경영학과에 입학했다. 1982년 3월 군에 입대했으나, 직전에 터진 부산 미국문화원 방화사건의 주모자로 지목되어 당시 '삼일공사'라고 불리던 부산 지역 보안부대로 끌려갔다. 이후 무고함이 밝혀졌음에도 불구하고, 이적표현물을 소지해 국가보안법을 위반했다는 혐의로 징역 10개월 형을 선고받고 육군교도소에서 징역을 살다가 1983년에 제대했다.

보호관찰을 받게 되자 학교를 그만두고 부산으로 내려와 직물·철공·신발공장에서 현장 노동자로 일한다. 1985년 2월 신발제조회사인 부산의 세화상사에서 노조 결성을 주도하고, 대량해고 등 회사의 탄압이 이어지자 복직투쟁을 전개하는 과정에서 노무현과 인연을 맺었다.

이후에는 1987년 7월 민주헌법쟁취 국민운동 부산본부 노동문제특별위원회, 1988년 2월 노무현이 초대 소장을 맡은 부산노동문제연구소에서 간사로 활동했다. 초선의원 시절 노무현의 노동문제 담당 비서로 상임위 활동을 보좌했고, 법무법인 부산에서도 근무했다. 2002년 대선 선거운동을 돕다가, 대통령 당선 후에는 대통령직인수위원회 사회분과 전문위원을 역임하기도 했다.

서거 이후 추모집 《노무현 내 마음의 대통령》을 묶어냈다.

● 부산 사상공단의 중소기업 세화상사 노동자들은 1985년 2월 1일 노동조합을 결성했으나, 사 측의 탄압으로 대량해고자가 발생했다. 해고자들은 부당 노동 행위에 대한 일련의 소송을 걸고 복직투쟁을 벌였다. 그 과정에서 사 측은 블랙리스트(blacklist)를 작성하여 공단 내 재취업을 방해하고 최종 폐업 신고 처리로 협박하는 등 강경하게 맞섰다.

이재영의 세화상사 관련 구술은 부림사건 변론의 '노동 버전'을 연상시킨다. 수임료도 받지 않고 해고 노동자들의 변론을 맡아 당시로서는 낯선 노동법을 새로 파고들며 재판에 전력하고, 다른 한편으론 해고자들의 숙소로 찾아와 인간적인 관계를 이어가는 모습이 그러하다. 이재영이 세화상사사건을 처음 이야기했을 때 노무현은 '사람 사는 곳인데 그럴 리가 있나'라며 믿지 못했다고 한다.

이재영은 이와 함께 노동문제, 사회변혁 등 노무현의 '학습 과정'에 대한 개인적인 기억, 노동문제연구소 창립 과정 등을 이야기하고 있다.

이재영의 구술은 2011년 10월 18일 경기 테크노파크 사무실에서 진행된 면담 내용 가운데 해당 시기를 발췌·정리한 것이다.

이재영　부산상고를 졸업하고 79년도 3월 달에 연대 경영학과 입학한 이후에 82년 3월 강제징집을 당해서 입대를 했다가 바로 국가보안법 위반으로 징역을 살았지요. 82년부터 83년까지 징역을 살다 제대한 겁니다. 학교는 인제 그만둬 버렸죠. 그리고 바로 부산에

와서 그때부터 막노동도 하고 이 일 저 일 하다가, 공장에 들어가서 85년 2월 달에 세화상사 노동조합을 결성하면서 노 변호사를 만났지요. 그때 많은 사람이 해고됐는데 법률적으로 지원해줄 수 있는 사람이 부산에 송병곤 씨라는 분이 있다고 해서 만나게 됐고, 인제 송병곤 씨를 통해서 노무현 변호사와 인연을 맺게 되었습니다. 저는 지역노동운동을 계속하다가 86년 9월경에 다른 일로 구속이 됐죠. 87년 7~8월 노동자대투쟁이 막 시작되던 때 나왔는데, 그러고 부산노동문제연구소를 만들었어요. 처음에는 국민운동본부 노동특위*라는 걸 했다가 노동문제연구소**를 만들면서 그때 노무현 변호사가 연구소 초대 소장을 했죠. 그러다가 노 변호사가 국회의원 되고 나서 한참 있다가 저한테 '일을 맡을 사람이 없다, 해야 된다' 이래갖고는 의원 비서를 했고, 노무현·문재인 변호사 사무실로 돌아가서 일하기도 했고, 2002년 대통령 출마하는 시점에 경선 때문에 일이 많으니까 선대위 본부에 참여하고, 당선되신 후에는 인수위에서 전문위원으로 일했습니다.

---

* 민주헌법쟁취 국민운동 부산본부 산하의 노동문제대책특별위원회를 말한다.

** 1988년 2월에 설립한 이후 13대 총선에 출마하기 전까지 노무현이 초대 소장을 맡은 것으로 알려져 있다. 부산 지역의 인권변호사들로 고문변호사단을 구성하여 노조 결성과 조직 운영, 부당해고 및 임금 체불, 산재 보상 등에 대한 상담 활동을 했으며, 사업장 환경 조사·연구 및 노동관련법 교육사업을 진행하였다.

노무현 변호사와 처음 만난 과정에 대해 자세히 말씀해주시죠.

이재영   82년도 3월 25일쯤인가에 입대를 했는데, 3월 18일에 부산 미문화원 방화사건이 터졌더랬어요. 나는 창원 39사에서 훈련을 받고 있었는데 그 사건을 빌미로 보안사에서 저를 잡으러 왔어요. 내보고 방화 주범이 아니냐 의혹을 제기하고 갖은 고문을 하면서 한참 조사를 하는데 문부식 씨 쪽에서 자수를 했잖아요? 그러면 부대로 복귀를 시켜야 되는데 처음부터 불법으로 데리고 와놓으니까, 나는 훈련을 안 받았는데 훈련을 받고 있는 것으로 서류상 처리돼 있고 벌써 훈련 기간도 거의 다 됐고. 또 하도 고문을 받아서 제대로 움직이지도 못했으니까 돌려보내지를 못하는 거죠. 그러니까 학생운동 하면서 반국가단체인 북한을 찬양·고무했다고 국가보안법 7조 2항, 5항 위반 그렇게 엮어서, 82년도 3월 달에 보통군법회의에서 징역을 받습니다. 그리고 처음에 말한 것처럼 징역 살고 제대해서 학교 그만두고 부산으로 내려가서 세화상사까지 가게 된 겁니다. 거기서 노조를 결성하면서 제가 다시 문제가 된 거죠. 지금은 철폐된 악법인데, 그 당시에 사회안전법이라는 법이 있었습니다. 보호관찰처분, 주거제한처분, 보안감호처분 이렇게 세 단계로 나뉘는데, 제일 처음에 국가보안법 위반으로 징역을 살고 나오면 보호관찰 대상에 들어갑니다. 내가 보호관찰을 받고 있는 동안에 노조 결성이 되고 그게 내가 주동이 되어서 만들어졌다, 이렇게 되니까 문제가 심각해진 거죠. 노동자들의 자주적인 의사로 만든 노조가 잘 없었던 시절이고 한데, 아주 드물게 자주적인 의사에 의해서 민주적인 방식으로 탄생을 해놔 놓으니까 정권에서 굉장히 미워했던 거 같고 대대적으로 탄압을 당했습니다. 그때 종업원이 600명이었는데 결과적으로 580명을 회사에서 다 쫓아냈으니까. 회사가 안 돌아갔어요. 그래가지고는 회사에 안기부, 보안사, 경찰 대공과, 정보과에서 네 명이 나와 있었어요. 계속 직원들 불러갖고 퇴사를 강요하고. 하여튼 580명을 쫓아냈어요. 그래가지고 세화상사 때문에 블랙리스트*사건이 터졌죠. 세화상사 출신이라는 게 밝혀지면 다른 신발공장에 들어가지를 못하는 거예요. 그런 상황에서 노 변호사를 찾아가게 된 겁니다. 사무실로 찾아가서 만났는데 '현장에서 이런 이런 일이 생겼다'고, '노조 결성을 했는데 애들 다 끌고 가고, 여자애들이 많으니까 관리자들이 막 패고 경찰들하고 안기부, 보안사 등등 네 쪽에서 몰려와 가지고 사람들 협박해서 나가라고 하고…'라고 이야기를 쭉 하니까 노 변호사가 '왜 노조를 결성했나?' 이래요. '아니, 근로기준법도 안 지키고 너무 열악하고' 이런 설명을 했죠. 당시에는 토요일까지 기본 잔업을 하고, 일요일에 두 번 정도는 특근을 하고, 잔업은 기본 두 시간에

● 취업 요주의자 명단이다. 노조활동가를 산업 현장에서 몰아내기 위해 노조활동 경력이 있는 근로자나 해고자의 명단을 작성·배포하는 것을 의미한다. 전두환정권은 1983년 말부터 이른바 '블랙리스트'를 작성해 전국 산업체에 배포했다. 이는 정부와 기업, 국가정보기관이 공동 작성한 것으로 125개 사업장의 해고자 681명, 복직자 60명, 재취업자 57명에 대한 일목요연한 신상명세를 기록하고 있었다. 노조활동가의 재취업을 막아 노동자들이 조직화되는 것을 원천 봉쇄하는 것이 목표였다.

다가 항상 더 있었고, 연근(연장근무) 할 때는 또 토요일 날 당연히 연근 하고 하여튼 이렇게 했는데, 한 달 열심히 해갖고 연근·특근 한 번도 안 빠지고 철야 같은 거 다 하면 월급을 9만8,000원 이렇게 받았어요. 나는 그나마 남자라서 약간 높은 편이었고 여자들은 더 적으니까 노조를 결성 안 할 수가 없어요. 근데 이야기를 쭉 들으시더니 '에이 그럴 리가 있나, 현장이 사람 사는 덴데 무슨 그런 이야기를 하나' 그래가지고, 진짜라고 이야기하면서 설득하느라 자주 만나서 이야기했죠. 사실 노 변호사를 처음 만난 거는 내가 부산상고 3학년 때 졸업하기 직전 78년도 같은데, 부산상고 출신으로 판사가 된 사람들이 그렇게 많지 않거든요. 그래서 고등학교만 졸업해갖고 판사 됐다 해갖고, 후배들 앞에서 꿈과 희망을 가져라 이런 강의를 한 번 해주러 왔어요. 대학진학반에 있는 애들을 모아가지고 어떻게 공부했는가 그런 이야기를 한참 해주셨어요. 그때 봤던 양반이 그 양반이더라고요. 그 이야기하니까 '어, 그랬나, 니 그때 거 있었나' 그러죠. 그때부터 저는 '변호사님'이라고 하다가 좀 부탁할 일 있으면 '선배님' 이러고. [웃음] 여하튼 그때는 노동사건을 처음 맡아봐 갖고 말을 해도 잘 못 알아듣고 법도 그런 게 있는지 잘 모르시고. 우리는 공부를 많이 했기 때문에 그게 어떻게 적용되는지는 잘 몰라도 법은 많이 알죠. 《노동법 해설》* 갖고 딸딸딸 외웠을 때니까. 근데 변호사님은 소송법은 잘 아는데 어째 노동법은 전혀 모르시더라고. 그래갖고 이거는 이 조항에서 이렇게 되고 그런 거 가지고 설득하다 싸우

호   소   문

존경하는 사회인사 여러분께 삼가 아룁니다.

저희 들은 부산시 북구 삼락동에 있는 세화상사 (사장 : 김 상 식) 에 근무하고 있는 근로자들입니다. 저희 회사 총 인원은 500명 가량이고 수출용 신발을 만드는 공장입니다. 작업현장 분위기는 독한 약품 냄새와 함께 생산량, 독촉과 인간이하의 대우로 삼엄한 가운데 노예같이 일해왔습니다.

그 때전 중 우리는 이나마의 한 근로자로서 이렇게 일만하고 회사에서 하라는대로 노예같이 일할 것이 아니라 우리의 권리를 우리가 찾아 보다 인간다운 대우와 좋은 환경속에서 일하고 싶은 욕망에 1985년 2월 1일 한국노총 부산시협의회관에서 화학노련 부산시협의회 간부 10여명이 참석한 가운데 '노동자란 무엇인가, 사용자란 무엇인가, 노동조합 이란 무엇인가' 라는 교육을 받고 발기인 33명으로 노동조합을 결성하게 되었습니다.

그런데 2월 2일부터 회사측에서 노조결성식을 한 사실을 알고 고문과 수법으로 노조 파괴공작 자파 노조결성을 추도 한 주요 멤버 들을 탄압하기 시작했습니다. 원현관과 회계감사가 사장과 인척관계 (사실은 사돈 및 먼 친척) 인 것을 이용하여 부모님으로 하여금 원현관과 회계감사를 집어 귀공시키고 가입원서를 받으며는 노조임원과 간부들에게 가입원서를 뺏고 '불량이 같은 새끼', '어디서 무슨 수작이냐', '이걸 들이 건가는 것이 없다', '회사 방해편이 되는 것 들'하며 말마디마다 대우를 때마다 별을 책망하는 등 심한 욕언과 푸념을 했을 뿐만 아니라 주요 임원들을 부서이동시키며 모두 한조로 모은 후 심한 감시를 하였습니다. 그것도 다욱 더 견딜수 없는 것은 같이 일하고 있는 동료들을 사주하여 동료들이 우리를 감시 미행하기도 하고 우리와 동료들 간에 사용을 붙여서 우리를 곤란하고 싶은 동료 들이 이와도 심한 논쟁과 감시가 우리사이 우비에게 감시로 제대로 못하게 한 것입니다. 회사 간부들은 저희 모든 근로자들을 매일 점장을 시킨 후에 저희들을 가까며 '불순분자', '불량이라고 있다', '사상이 이상한 것들', '회사 방해편이고 장점한 가서나들이 있다', '너희들은 이 회사 방하면 어디가서 일할수 있는는 하느냐', '저건을 지겁게 이면 회사로 분 듣는다', '그렇게 되면 너희들은 월급 제대로 지급몸을 아느냐' 며 우 비때문에 회사에 동류 들에게 심한 피해를 준다고 하며 우리를 동료들로부터 외면당하게 하는 야만한 수법을 사용하기도 했습니다.

그 백2 노조 파괴공작을 위한 회사의 간교한 수법아래 설명동의 찬성자중 8명이 변도르고 강제로 작성했던 이의서를 회사에서 강제로 받아 구현에 제출함으로써 부당하게 설명신고서가 2월 14일자로 반려되었습니다. 그리고 마침내는 해고와 강제사직이 시작되었습니다. 원현관과 6인은 상은 집이 귀공되어 출근하지 못한 것을 무단결근으로, 회계감사 2명과 부녀부는 상사명령불복종·근무태만이라는 이유로 해고 하였으며, 조합원 1명은 한달간 무급정직 처분을 당했고, 3명의 간부가 회사의 바야에 못이기 강제사직서를 제출하였습니다.

부당해고를 뒤치며 출근을 하던 저희들은 회사간부들의 푸념으로 이상이 미치고 발을 들어 걷어 10일동안 출근을 제대로 쓰지도 못하기도 하고, 발을 조여 목이 심한 상처를 입기도 하였습니다. 푸념을 우 비사회에서 영원히 추방한다는 대응 별의 발음 어디로 가는 가요?

저희들은 이제 가까운 길바닥에 내동 댕이 쳐졌습니다. 저희들은 이제 어디로 가야하나요? 저희들은 민주주의 사회에서 민주노조를 만들어 민주적인 방식으로 우비의 권리를 찾고 싶습니다.

존경하는 어버 선생님들! 저희들은 힘없고 약한 근로자들입니다. 하루 속히 원상회복되되고 민주노조를 만들어 저희들의 권리를 찾아 평화롭게 일할수 있도록 도와주세요! 더 이상 이렇게 당하지 않도록 도 와주세요!

1985. 3. 8. 세화상사 노동조합 정상화추진위원회

편지나 전화로 항의해 주세요! 세화상사 부산시 북구 삼락동 388-12 (전화) 부산 322) 9100 - 4

1985년 3월 8일 세화상사 노동조합정상화추진위원회에서 작성한 호소문
(민주화운동기념사업회 자료).

기도 많이 했죠. 법 조항을 해석하는 데 따라서 수당을 줘야 된다, 안 줘도 된다, 이럴 수 있잖아요. 우리는 법의 전문가가 아니니까 우리 생각에는 이렇게 해석하는 게 맞다, 우리 현실은 분명히 수당을 줘야 되는 게 맞는 거 아니냐, 그런 데서 토론이 많았습니다. 나중에 얘기를 하시는데 고등학교 동기들 중에서 사업하는 친구들이 인제 월급이나 수당 이런 걸 좀 덜 주기 위해서 '이거는 이렇게 해석할 수 있나' 물어갖고, 그거 때문에 노동법을 몇 번 봤다 그러더라고. 그러니까 사 측이 아니라 노동자 입장에서는 그때 처음 본 거죠.

그래서 사건을 맡으셨나요?

이재영　그래주셨죠. 세화상사는 부당해고라기보다는 노동조합 결성 자체가 문제가 되니까 단결권 문제는 처음 해보는 거죠. 당시로선 유일한 거였습니다. 단순히 근로기준법 위반에 대한 법적 대응 이런 것이 아니고, 노동조합법상으로도 부당해고의 문제가 있거든요. 노동조합법상의 부당해고나 부당정직 문제, 이제 이런 것은 법적으로 사실상 처음 다루는 거죠. 변호사님은 본인이 해줄 수 있는

● 《노동법 해설》, 장명국 저, 석탑출판사, 1982년 첫 출간 후 현재까지 100만 부 이상 팔린 스테디셀러이다. 노동법령과 판례, 관련 사례까지 소개한 최초의 노동법 해설서이다. 책의 말미에는 법을 어기지 않고, 노동조합을 결성하고 운영하는 방법을 수록해놓았다. 노조활동을 하는 노동자들에게 '성경'으로 대우받았으며, 1987년 7~8월 노동자대투쟁 때는 책을 찍지 못해서 팔지 못할 정도로 인기를 누렸다.

거는 법률적인 대응밖에 없다고 하시면서, 어쨌든 잘 모르니까 공부를 좀 해봐야겠다, 그러셨어요. 그래서 '우리가 돈이 없습니다' 하니까 '돈은 뭐 됐고' 이러면서 사건을 맡으신 거죠. 그때는 우리가 볼펜을 팔아갖고 연명할 때입니다. '볼펜 하나씩 사주세요' 해가며 버티고 있었는데 변호사님 통해서 소송을 굉장히 많이 했습니다. 노동부에 부당해고다, 부당정직이다 해서 진정서를 넣은 거는 우리 명의로 넣었고, 그 외에 지방노동위원회, 중앙노동위원회 내는 거, 그다음에 법원에 해고무효 소송, 그리고 무효 소송 전에 임금 지급 가처분 신청, 부당해고 효력 중지 가처분 신청, 하여튼 이름도 괴상망측한 그런 가처분 신청을 책에서 봐갖고 뭐, 될 만한 거는 소송을 다 걸었다 그럽니다. 우리는 잘 몰라요, 도장을 변호사 사무실에서 파서 쓰니까. 하여튼 노 변호사님이 공부하고 싶은 대로 다 했다 그럽디다, 그때. 노조 결성과 관련돼서 생길 수 있는 여러 가지 것을 그때 공부 다 하셨다는 거죠. 사례가 별로 없을 때니까, 이런 사건은. 그때는 판사들도 잘 모르고 하니까 변호사가 '이렇다' 하면 '그런가' 하고 넘어가고. 공부 많이 한 사람이 이길 때니까.

개인적인 면모와 관련해서 기억나는 바가 있으시다면요?

이재영   그때 해고된 사람들이 먹고살 길이 없으니까, 고향 떠나서 다 혼자 나와 있는 젊은 처자들인데 블랙리스트에 올라버리니 인제 취직이 안 되는 거예요. 방세 나올 구멍도 없으니까 이제 서로 '어찌하노' 그래갖고 어떻게 돈을 그래 모았는지 진짜 볼펜 팔고 이래서 모았는지, 하여튼 모아가지고서는 가야(동)에다가 허름한 판잣집을, 방 몇 개 되는 거를 세를 냈어요. 그래 거기서 다 모여 사는 거라. 나도 살고. 남자는 내 혼자밖에 없어. 그러니까 나는 방을 따로 써야 되는 거라, 거꾸로. [웃음] 노 변호사님이 우리 사건 이야기를 들으면서 그 집에 인제 몇 번 오셨어요. 사모님을 데리고. 전부 다 돈 없이 있는 거 아니까, 오면 동네 가야공원 그 밑에 보면 납새미(가자미) 구워 파는 데 가서 막걸리 한 잔 시켜놔 놓고. 우리는 막걸리가 중요한 게 아니라 그거 먹으면 하여튼 특식이니까. [웃음] 그렇게 우리 사는 데 자주 오셨어요. 그래서 그 회사 출신 애들은 다 친합니다. 다른 사건도 그러셨는지 잘 모르겠는데 우리 사는 데 일주일에 한 번씩 찾아오셨어요. '뭐 먹고 사노' 이래싸면서. 듣기로는 그때부터 변호사님이 버스를 타고 다녔다고 들었습니다. 우리를 만나면서 '이렇게 사는 사람도 있는데' 이러면서 차를 처분했다고 들었어요.

애정이 많으셨나 봅니다.

이재영　　세화상사 노동자들을 참 좋아했어요. 나중에 왜 그러냐고 물어보니까, 다른 회사에서 활동하는 사람들은 자기들끼리 똘똘똘똘 뭉쳐가지고 회사하고 디립다 받아뿌고, 그다음에 싸움이 길어지면 괴로워서 못살겠다 하고 떠나고 떠나고 해서 사람들이 줄어들어가는 추세로 있었는데, 우리 사건은 처음에는 몇 명 안 되는 것 같았는데 가면 갈수록 사람이 불어가지고 회사 내에 동조자가 점점점점 많아져갖고, 결국에는 580명까지 안 자르면 안 되도록 만들어져 있었거든요. 변호사님 자신도 처음에는 그런 활동에 대한 개념이 없다가 나중에 쭉 다른 회사 노동조합에서 운동했던 내용하고 비교해보면서 '사람들이 줄어들어 나가는 운동 방법이 있고, 사람들이 이렇게 현장과의 밀착도가 점점점 커져가는 데가 있더라' 그러면서, 자기는 애정을 더 많이 가졌다고 얘기하시더라고요. 아마 처음 맡았던 사건이니까 그럴 수도 있죠. 굉장히 애정을 많이 표했습니다. 가야동 그 집에 참 자주 오셨어요.

사건은 어떻게 마무리됐나요?

이재영　　나중엔 사장도 직접 만나고 그러셨죠. 변호사로서 입장을 떠나서 사장을 만나러 가가지고 말이 안 되는 짓을 회사가 하고 있다고, 당신들 그러면 되냐고 싸우기도 하고. 저한테는 '어쩌면 되겠노, 우리 협의하고 애들 복직해주고 정리하자' 그렇게 타협도 해주시고 그랬습니다. 변호사가 회사 사장을 만나갖고 담판하러 가고 이런 일이 당시에 어딨겠습니까. 그만큼 애정이 많으셨어요.

이후에도 관계가 이어지셨죠?

이재영　저는 부산 소재 대학 출신이 아니기 때문에 활동하는 사람이 어떤 사람인지 몰랐는데, 85년 가을쯤 되면서 연락이 와가지고 그쪽에 관련된 사람들끼리 모여서 이런저런 일을 의논하기도 할 때였는데요. 그때가 한참 팜플렛(Pamphlet)*이 많이 돌기 시작할 때입니다. 원전(原典) 같은 게 돌기도 하고 이럴 땐데, 그 당시에 노 변호사님하고 자주 만났습니다. 일주일에 한 번씩은 꼭 보자, 이러셔서요. 그때는 뭐 핸드폰도 없고 아무것도 없을 때니까 미리 약속해놔 놓고. 남천동 바닷가 옆에 있는 카페 그런 데에서 보고 그랬어요. 왜냐하면 사회안전법으로 내가 문제가 돼 있으니까 경찰에 가서 신고도 해야 되는데, 그래 안 해뿌고 집도 옮겨버리고 이래 놓으니까 수배를 당했어요. 신분이 좀 불안하니까 공개적으로 다니지를 못하고 미리 약속해서 남천동 카페 가갖고 만나서 이런저런 얘기를 나눴지요. 노 변호사님이 버번코크(bourbon coke) 되게 좋아해요. 그거 드시고 나

● 팜플릿, 학생운동권이나 노동자들이 생각과 주장, 처한 상황을 일반 대중에 알리기 위해서 만든 작은 책자를 말한다. 휴대전화, 인터넷이 없었던 당시의 교육 및 홍보 수단이었다.

는 음료수 마시고. 막스 베버 이야기를 한참 하시던 게 기억나요. 그런 이야기하시면 저는 공부 좀 해보시라고, 그때 나오는 팜플렛 이런 거 구해가지고 드리면서 노동자들의 노동자성이 중심이 되는 그런 그룹을 만들어야 한다, 변호사님은 변호사님 입장에서 같이 동참해서 노력하시면 되지 않겠느냐, 그런 의견을 드리면 '그래, 그러자' 하고 이랬습니다. 막스 베버 이야기는 그때만도 제가 혁명투쟁 이런 걸 얘기할 때니까 그러셨던 거 같아요. 이를테면 변호사님이 '개혁적으로 세상이 변해야 되는 거 아니냐' 그러면 저는 '개혁 가지고, 그래 가지고 변해지겠습니까' 그런 식이었죠. 제가 '이런 책도 한번 읽어보고 토론을 해보십시다' 그러면서 〈What is to be done?〉** 같은 책도 드리고. 그때도 레닌(Lenin, 본명은 블라디미르 일리치 율리아노프(Vladimir Il'ich Ul'yanov))은 별로 취미 없어하는 거 같더라고. [웃음] 아무래도 처음 공부할 때니까 이런저런 책도 보고 고민도 하고 서로 토론하고 검토하고 그러셨던 거 같아요. 자기가 모르는 분야에 대해서는 굉장히 상세히 묻고 계속 공부하는 자세를 갖고 대화를 했습니다. 특이한 분이시죠, 그런 거에 대해서는.

그런 시기에 기억나는 에피소드가 있으십니까?

●● 레닌이 서른두 살이던 1902년에 발표한 팜플릿 〈What is to be done?(무엇을 할 것인가)〉 이다. 러시아 혁명의 이론적 근거와 방향을 제시했다.

이재영　잠시 얘기했지만 85년 말부터 시작해서 86년 들어서는 부산 지역 공단에 팜플렛을 급격하게 뿌립니다. 근 일주일에 한 번씩 해서 몇만 장씩 뿌렸는데, 집집마다 꽂기도 하고요. 그거 하면서 단 한 명도 검거가 안 됐어요. 86년도에 메이데이투쟁이라고 5월 1일 날 사상에서 행진*이 또 있었습니다. 그때 부산대생하고 다른 대학교하고 조인(Join) 해갖고 퇴근 시간 맞춰서 서면까지 행진했어요. 완전히 난리가 났죠. 그때도 한 명도 검거를 못 해요. 근데 그 어마어마한 유인물을 뿌리는 데 노 변호사님이 이제 돈을 대주셨죠. [웃음] 우리야 돈이 없을 때니까 고맙죠. 그즈음엔, 그러니까 노 변호사님도 85년이면 노조 문제에 대해 적극적으로 사건을 맡고 일을 하기 시작한 때단 말이죠. 학습을 적극적으로, 집중적으로 하신 셈이죠. 저랑 남천동에서 만날 때도 그런 거였죠. 아무튼 그러던 중에 86년도 9월 달에 제가 구속이 되는데요, 노 변호사님이 경찰서로 오셨어요. 그때는 변호사가 경찰서 오는 일이 흔치 않았습니다. 난 연행될 때부터 단식을 시작했고 '수사에 대해서 일체 협조하지 않겠으니까 알아서 해라' 그러고 있는데, 뭐 안기부 같은 데서야 당장 넘기라고 대기하고 있는 상황이었죠. 노 변호사가 와가지고, 그때 서장이 없었고 서장 밑에 제일 높은 정보과장을 만나서 '당신들이 안기부로 넘

● 1986년 5월 1일 저녁 7시 20분, 부산 사상 시외버스터미널 광장에서는 '여덟 시간 노동과 최저생계비 20만 원 쟁취' '파업 자유 쟁취' '군부독재 타도'를 외치는 '메이데이 탈환을 위한 민중대회'가 열렸다.

길 일은 없다. 넘기든 말든 당신 마음인데 만약 넘기면 내가 변호사 직을 걸고 당신 옷 벗겨버린다. 당신하고 서장 옷 벗겨버린다'라고, 내하고 있는 자리에서 그러더라고요. 경찰한테는 '넘기지 마라' 그러고, 내한테는 '여기서 니도 마, 수사 좀 잘 받고' 그랬죠. 아까 얘기한 것처럼 대규모 유인물을 뿌리고 시위도 일어나고 하는데 하나도 검거를 못 했으니 경찰도 독이 오를 대로 올랐단 말이죠. 노 변호사도 그걸 아니까 자기도 되게 쎄게 이야기를 한 거 같고. 그래서 안기부에 안 가고, 경찰 수사 기간이 20일이니까 부산진서에서 계속 있었어요. 결국 구속이 되긴 됐죠. 해 넘기고 87년 6·29선언 이후에 며칠 있다가 7월 4일 날인가 출소를 했는데, 노 변호사님이 재판 과정도 챙겨주셨습니다.

출소한 때가 87년 7월이면 민주헌법쟁취 국민운동 부산본부 상임집행위원장을 맡고 있던 때였습니다. 완전히 운동가로서 면모를 보이시던.

이재영 그래 돼 있더라고요, 보니까. 처음엔 변호사님 제대로 볼 시간도 없었어요. 그러니까, 출소하고 나서 국본에서 연락이 왔어요. 노동조합 결성 같은 문제로 노동자들이 상담을 많이 오는데 담당할 사람이 없으니 니가 좀 나와서 해야 되겠다고, 급하다고. 가 보니까 상황이 정말 급박했죠. 노동자대투쟁 벌어지고 할 때잖습니까.

그래갖고는 상담을 시작했죠. 노동자들이 밤낮을 안 가리고 오니까 집에도 못 들어가고. 노조를 한 300개, 400개는 만든 거 같아. 너무 바쁘니까 노 변호사님하고는 이야기를 하고 자시고 할 시간도 없고. 국본에서 노동특위를 만들어서 이흥록 변호사님이 위원장을 하기로 하고 저보고 간사를 해라 그래갖고 그래 맡았죠. 노 변호사는 서로 바빠갖고 잘 만나지도 못했어요. 그러다가 이석규 씨가 사망하는 사건 이후로 좀 가라앉기 시작하더니 노조 결성 상담은 거의 안 오는 거예요. 그러면서 기존에 노동조합을 만들어놨는데 그다음에 어찌 운영할지, 기존 노총에는 가기 싫고 이러니까 어찌 운영하면 되는지 이런 걸 설명해줄 필요가 있는 거죠. 그런 역할을 하려면 국민운동본부라는 틀은 어울리지 않겠다, 해가지고 노동문제연구소를 만든 거예요. 노 변호사님하고도 같이 고민을 좀 했어요. 그때는 노 변호사도 덜 바쁠 때고 하니까. 노 변호사를 소장으로 해가지고 현장 경험 있는 사람들을 좀 모아서 노동문제연구소를 만들었습니다. 서면에 사무실을 두고, 이제 노동조합의 일상 활동에 대한 교육을 주로 다녔죠. 노 변호사를 중심으로 다른 분들이 돈을 좀 대고, 나중에는 노동조합도 지원을 해달라 해서 노조에서 돈을 거두기도 하고. 그래서 우리가 한 달에 5만 원씩 활동비를 받고 그랬습니다. 그러다가 1988년에 첫 선거 출마하실 때 선거운동 돕고, 당선 이후에 노동담당 비서도 하고, 그래 이어진 겁니다.

초선의원 마지막해인 1992년 의원실 단합대회(전북 무주)에서
노무현과 구술자 이재영이 함께 찍은 사진.

서울대 상대 나온 노동자와 전태일을 만나다

구술자 문성현·이혜자는

문성현은 1956년 경남 함양에서 태어났다. 경남 진주고등학교를 졸업하고 1971년 서울대학교 경영학과에 입학했다. 대학 재학 중 전태일을 접하면서 노동운동에 뜻을 세운다. 1980년 동양기계에 입사, 이듬해 고려대학교에서 학생운동을 하던 이혜자와 결혼한다. 1983년 서울에서 창원으로 공장을 이전한 동양기계는 통일교에서 운영하는 통일산업㈜으로 합병되면서 상호를 ㈜통일로 바꾸는데, 1985년 5월 1일 문성현은 ㈜통일의 노조위원장으로 선출된다. 뒤이은 구속과 해고, 재판 과정은 구술에서 자세히 소개된다. 결혼과 함께 창원으로 내려간 이혜자도 경남지역노동자협의회 활동에 참여하며 문성현의 부인이자 동지로서 길을 걸었다.

문성현은 이후 전국 최초의 민주노조연합인 마산·창원노동조합연합(마창노련) 결성에 참여하고, 1994년에는 전국노동자협의회 사무총장, 1999년에는 민주노총 전국금속연맹위원장을 역임하면서 노동운동사에서 빼놓을 수 없는 인물이 된다. 노동운동가로서 2006년에는 민주노동당 대표를 맡으며 노무현의 정치인 시절, 대통령 재임기까지 긴 인연이 이어졌다.

● 1985년 6월 24일, 문성현과 이혜자를 비롯한 통일노조 간부 열여덟 명 전원은 새벽에 들이닥친 경찰에 의해 국가보안법 위반 혐의로 경상남도 도경찰국 대공분실로 연행당한다. 이후 간첩 혐의가 없다는 사실이 밝혀졌지만, 회사 측은 방위산업체 노동자들의 쟁의 행위를 금지한 노동쟁의 조정법을 내세워 문성현을 고소했다. 학력을 속이고 위장 취업해 노동운동을 주도했다는 이유로 사 측이 문성현에 대해 징계 방침을 내리자, 반발한 노동자들이 4월 25일에 열세 시간 동안 철야농성을 벌인 일을 뒤늦게 문제 삼은 것이다.

회사는 결국 7월 5일 구속 중이던 문성현을 해고하고, 나머지 조합원과 간부들은 부서 이동, 권고사직, 강제사직, 해고 등 갖가지 방법으로 탄압했다. 이혜자는 남편의 재판을 위해 찾아간 부산의 변호사 사무실에서 노무현을 처음 만나게 된다. 구치소에서 단식투쟁 중이던 문성현과 노무현의 첫 만남은 7월 중순경 변호인 접견실에서 이루어졌다.

두 사람은 노무현의 첫인상과 '서울대 상대까지 나와서 왜 노동운동을 하느냐'고 묻던 노무현, 문성현을 이해하기 위해 《전태일 평전(어느 청년 노동자의 삶과 죽음)》을 읽고 열정적인 최후 변론을 하던 모습을 기억하고 있다. 문성현은 그해 12월 10일, 징역 1년과 집행유예 2년을 선고받고 165일만에 풀려났다.

1986년 가을, 문성현을 비롯해 노옥희, 권용목, 노재열 등 부산·울산·경남의 노동운동가들이 노무현의 부산 남천동 아파트 자택에서 수련회를 했다는 구술도 흥미로운 대목이다. 당시 노무현의 마음속에 들어섰던 어떤 결심의 단면도 엿보인다.

문성현·이혜자와의 구술 면담은 2012년 7월 23일, 8월 20일 두 차례에 걸쳐 경남 거창에서 진행됐다. 이번 구술은 1차 면담 내용을 발췌·정리한 것이다.

간단히 본인 소개를 해주시죠.

문성현   아무래도 노동운동을 했으니까 노동운동과 관련해서는 현장에서 통일노조위원장*을 했던 거, 또 그걸 바탕으로 해서 전노협(전국노동조합협의회) 사무총장 그리고 금속연맹(전국금속노동조합연맹)위원장을 했던 게 중요한 이력이고, 그러고 나서 바로 민주노동당 대표를 했는데, 노동운동을 하는 사람으로서 아쉬움이라면 양대 노총을 꼭 하나로 통합해서, 통합된 노총위원장을 하고 싶었는데 그걸 못한 게 제일 아쉬움이 남죠.

이혜자   저는 학생 때, 박정희정권 말기에 데모를 해서 구속됐다 나와 가지고 공장에를 갔어요. 그런 상태에서 (문성현 씨를) 만나서 결혼을 했고, 그러다 남편은 동양기계가 주식회사 통일로 통합이 돼서 창원으로 내려가게 되는데, 그러고 나서 얼마 있다가 제가 위장 취업한 게 드러났어요. 그때는 전두환정권 시기였기 때문에, 위장 취

• 문성현은 1980년 동양기계에 입사해 노조대의원으로 활동했다. 동양기계는 이후 ㈜통일로 합병됐으며, 1983년 ㈜통일노조가 설립된다. 문성현은 1985년 노조위원장으로 선출됐다.

업이 드러난 사람들이 무사하기 어려운 군부독재 시절이었죠. 문성현 씨는 창원 내려가 있고 저는 서울 구로공단 봉제공장에서 미싱사하고 그랬는데 거기가 대우어패럴하고 가까운 공장이었어요. 근데 대우어패럴에서 심상정,** 최한배*** 그런 학생 출신들이 들어와서 노조 만든 게 사건이 터지고 이러니까 막 우리를 조사하기 시작하더라고요. 우리 공장 내에 그럴 만한 사람이 누가 있나 그래서 그때 그만두고 나오고 그랬는데, 하여간 대학을 졸업을 안 하고 공장을 가고 이런 게 불안해서 그때 복학을 했다가 졸업을 10년 만에 하고 제가 창원에 내려가게 된 거죠. 그래서 그때부터 창원에서 같이 노동운동을 했어요. 거기서부터 경남지역노동자협의회 활동을 오래 했죠.

1985년 6월에 노동쟁의 조정법 위반으로 첫 구속이 되신 걸로 알고 있는데요, 이때 노무현 대통령을 처음 만난 건가요?

문성현　그때 제 변론을 맡으셨으니까 그때 처음 뵌 거죠. 그때만 하더라도 지역에 이런 노동쟁의가 일어나 가지고 사건이 터진 게,

---

●● 심상정은 1980년 서울대학교 총여학생회를 창설하고 초대 총여학생회장이 되었으며, 같은 해에 서울 구로공단(현 구로디지털단지) 대우어패럴에서 미싱사로 일하면서 노동조합을 결성하는 등의 노동운동을 했다. 1985년 6월에는 전두환 군사독재정권하에서 최초의 정치적 연대파업투쟁인 구로동맹파업을 벌였다. 17대, 19대 국회의원을 지냈다.

●●● 최한배는 서울대학교 경영학과를 졸업하고 1978년부터 삼미전자 조립공으로 노동 현장에 뛰어들었다. 1984년 보일러공으로 취업한 구로공단 대우어패럴에서 노동조합을 만들었다.

전국적으로 사건화되고 한 게, 우리 사건이 처음이지 싶어요. 노동운동이 서울이나 인천에는 쭉 있었지만 특히 우리 지역에는. 그래서 서울에는 민변(민주사회를 위한 변호사모임)이라는 게 있는 걸 알았는데, '여기에 누가 있겠나? 온다면 서울서 오겠지?' 이렇게 생각을 하고 있었는데, 의외로 부산에서 오셨어요. 오는 과정은 저는 안에 있었으니까 내용은 잘….

이혜자   저도 누가 부산에 노무현 변호사 사무실을 찾아가 보라고 했는지는 기억이 안 나요. 당연히 창원 쪽에 이걸 맡아줄 사람이 없으면 중앙에서 오지 않을까 이렇게 생각을 했는데, 하여간 제가 부산을 갔어요, 노무현 변호사를 만나러.

그럼 부산의 부민동 사무실을 가 보신 거예요?

이혜자   그렇죠. 거기를 주로 우리가 오래 다녔죠. 그때 노옥희* 선생 같은 경우 학생 때 구속이 돼가지고 석방돼서 (노무현 변호사 사무실을) 찾아왔을 때 만나고 그랬어요. 노무현 대통령님이 특별히나 예뻐하는 그런 모습을 봤거든요. 너무나 조카 딸애한테 하듯이 농담하시

---

* 노옥희는 부산대학교 수학과를 졸업하고 1979년부터 울산 현대공고에서 교사로 일했다. 1986년 부산 YMCA 중등교육자협의회의 '교육민주화선언'에 동참한 일로 해직당하면서 노동운동을 시작했다. 울산 현대그룹 해고 노동자 천창수와 결혼했으며, 1987년 노동자대투쟁 이후 전교조에서 일했다.

고. 85년에 찾아갔을 때 하여간 그렇게 [잠시 울먹임] 당신은 우리를 안심시켜주려고 농담도 하시고 그랬던 그런 기억…. 아마 지역에서 노동사건으로는 우리가 첫 재판이었죠? 서울 쪽에서는 비슷한 시기에 학생 출신이 위장 취업을 해서 노동 현장에서 굵직굵직한 사건이 터졌고. 노무현 그때 변호사도 창원에서 이런 일이 있다, 이런 정도는 아셨던 것 같아요. 그랬는데 구속이 돼가지고 우리가 찾아가니까 굉장히 반갑게 맞아주시고 그랬죠.

문성현   그때는 저도 처음 구속이고 부당 노동 탄압이라 그래가지고 구속되자마자 옥중투쟁하면서 한 열흘인가 단식을 하고 있었습니다. 그때는 다 그런 과정이니까 하고 있었는데 접견실로 가니까, 내가 먼저 나가 있었지, 접견실에. 그러니까 변호사님 키 작으시고 걸음걸이가 특이하시잖아요. 지금도 그 기억이 나요. 그때 송병곤이랑 같이 왔는데 '송병곤이 부림사건으로 들어갔다 나왔다'라고 소개하고 그래서, 그때 이름 한 번 들어본 적도 없는, 서울에 있는 민변은 알아도 노무현이라는 이름은 처음 알았고 처음 뵀던 거죠. 그러면서 아마 계산을 하셨는가 봐요. 첫날은 많은 이야기는 안 하고 '맡게 됐다' 이런 이야기, 기억나는 게 그때만 해도 접견실에 항상 교도관이 옆에서 입회를 했다고.

이혜자   입회하고 기록하고.

문성현   그러니까 변호사님이 기록하지 말라고, '당신은 우리가 하는 이야기를 듣기만 할 뿐이지 기록하면 안 된다'고 그러셨어요. 교도관이 '기록하게 돼 있다' 하니까 '못 하게 돼 있다'고, 그것부터 정리를 하시더라고. 기록 못 하게. 그래서 그다음부터 안 적었을 거예요. 상당히 좀 뭐라 하나? 강단 있는 분이구나, 내가 기억나는 게 그런 두 가지입니다. 아까 얘기한 걸어오시는 것하고, 그때 접견하는 옆의 교도관한테 적지 말라고 호통하는 것하고.

형량을 줄인다든가 이런 데 대해서 의논하셨나요?

문성현　그때는 파업을 하고 들어갔기 때문에 실형은 기본이다, 최소한 2년 징역은 살고 나가야 된다, 이런 생각을 했기 때문에 형량을 줄인다 이런 것보다도 투쟁의 정당성, 탄압의 부당성 이런 것을 적극적으로 해 나가자. 노무현 당시 변호사님도 각오하셨을 거고. 우리가 그런 데 대해 구질구질하게 하지 말고 당당하게 하자, 이런 이야기…. 근데 아마 속으로는 그렇게 생각 안 하셨을 것 같아. [웃음] 어쨌든 빨리 풀려나도록 해야지, 그렇게(생각하시지 않았을까).

이혜자　아니, 속으로가 아니라 실제 이분은 굉장히 좋은 변호사였어요. 재판을 맡았던 홍광식 판사, 그러니까 변론 전에 홍 판사를 만나러 오셔서 저희도 보고 이렇게 가셨어요. 창원에 오시면 접견도 하고 그랬는데, 어떤 날은 '내가 판사한테 이런 시(詩)도 프린트해 가지고 가서 읽어주고 그랬다' 그러면서 맥아더가 아들한테 쓴 시*를 보여주시더라고요. 옛날에 우리가 많이 읽었던 그런 시인데 그러면서 홍 판사한테 굉장히 적극적으로 형을 어떻게든 안 받게, 아니면 적게 받게 하고자 하는 그런 노력을, 정성을 쏟으시더라고요. 그게 굉장히 고맙게 느껴졌어요. 그때 나는 가족이지만 법정투쟁, 그러니까 법정에서 벌어지는 일련의 일도 다 투쟁의 연장선상에서 어떻게 의미 있게 되도록 할 것인가 이런 생각을 했는데, 변호사님은 어떻게든 빼내고 싶어서 판사한테 가서 뭔가 호감을 서로 주고받으려는 노력도 하시고, 제가 그런 걸 봤을 때 '이분은 내가 모르는 변호사로서의 역할에 정말 충실하고 계시구나' 그런 생각을 했죠.

문성현　홍광식 판사가 나중에 부산으로 가가지고 판사를 하셨는데 그때 강금실** 판사한테 한 이야기가, 판사로서 죽 하는 동안에 제일 기억에 남는 변호사는 노무현이고 피고인은 문성현이라고. 그 당시 같은 판사지요, 강금실 장관한테 했다고 그런 이야기를 들었습니다.

이혜자　재판정에서 있을 수 없는 일이 터지고 그랬거든요. 법정에 와 있던 우리가 교도관을 때리고 재판이 시작도 못 하고 끝나기도 하고 난리도 아니었는데, 홍 판사가 그걸 잡아들이라고도 안 하고

---

* 〈아들을 위한 기도(A Soldier's Prayer for His Son)〉를 말한다. 6·25전쟁 당시 인천상륙작전을 이끌었던 맥아더의 시이다.

** 강금실은 서울대학교 법대를 졸업하고 1981년에 사법고시를 합격한 후 서울 남부지법, 부산지법, 서울고법 등에서 판사로 재직했다. 당시 시위 학생들에 대한 구속영장을 잇달아 기각한 일화가 유명하다. 1996년 변호사 개업 후, 2000년에는 민변 최초로 여성 부회장을 역임하며 인권변호사로 활약했다. 2003년 참여정부 초대 내각에서 여성 최초로 법무부장관에 임명됐다.

가만히 쳐다보고 계시더라고요. 처벌도 일체 없었어요. 그때 노무현 변호사도 굉장히 화를 냈거든요. 신성한 법정에서 그렇게 하면 재판을, 이제 당신은 신성한 법정이 중요한 게 아니라 판사한테 가서 시도 읽어주고 이렇게까지 하는데 가족하고 온 사람들이 난리를 쳐가지고 재판을 불리하게 하는, 변호사의 역할에 여지가 없어지는 이런 것이 화가 나셨던 것 같아요. 저희가 좋은 변호사, 좋은 판사를 첫 재판에서 만났던 거죠. 그 사건이 우리한테 그리고 우리 지역에 정말 중요했던 게, 그렇게 사사건건 싸우면서 우리가 이기고 나온 거예요, 결과*가. 그래갖고 통일중공업도 기세가 올랐고 해고자들이나 안에 있는 활동가들이 너무나 기세가 올랐고 그랬죠. 그때 우리 노무현 변호사가 한 축을 담당하신 거죠.

문성현 85년도 겨울에 나왔는데, 내가 없었다 하더라도 역사는 발전했겠지만, 그때 석방돼서 해고자투쟁하고 부산·울산·거제 다니면서 교육사업 같은 것도 했고 활동가들도 만났죠. 만약에 통상적으로 실형을 선고받고 2년을 계속 살았다, 그리고 87년이 왔다 했을 때… 모르겠어요. 저 개인적으로 놓고 보면 그때 석방돼서 나왔던 게 대단히 중요했다, 그래서 87년 준비 과정을 죽 제가 할 수 있었으니까. 그러니 방금 이야기했듯이 정말 좋은 변호사, 의미 있는 판사를 만났다는 것이 저 개인 역사의 흐름과 접목되는 데 굉장히 중요

• 문성현은 징역 1년에 집행유예 2년 형을 선고받고, 1985년 12월 10일에 풀려났다.

했던 거죠.

이혜자   회사에서 우리 재판을 못 가게 하려고 그날 휴무도 못 하게 하고 월차도 못 쓰게 하고 조퇴도 안 되고, 우리가 어디든 가 보면 회사 직원들, 관리자들, 형사들이 많았거든요. 정말 감시와 억압과 탄압 속에서 재판정에 가서는 판사나 검사를 상대로도 우리가 욕도 하고 싸우고 이랬는데, 다 다치지 않고 또 구속된 사람도 (풀려)나오고 이러니까 통일중공업 해고자들, 우리도 그렇고 기세가 오를 수밖에 없었던 거죠. 아마 노무현 변호사도 그거는 굉장한 성과셨던 거죠, 집행유예로 나온 것이.

마지막 변론 때 노 변호사가 피고의 일생에 대해 죽 이야기하셨다던데요.

문성현   '왜 노동운동을 하게 됐냐? 서울대 상대까지 나와 가지고' 그렇게 물어보시는 거죠. 그럼 나는 전태일 얘기를 하는 겁니다. 전태일이 있었다, 그분이 '나에게도 대학생 친구가 있으면 좋겠다' 그런 말을 남겼고, 그래서 노동운동을 하게 됐다. 상당히 사실이기도 하고 또 재판정에 설득용으로 우리가 하는 이야기이기도 하고, 그래서 그 이야기를 하는 거죠. 아마 내 기억에도 노무현 변호사가 와서 본인부터 끊임없이 궁금해했던 것이, 왜 이 사람이 서울 상대까지 나와 가지고 노동운동을 하게 됐는지였던 것 같아요. 그전에 부림사건 변론도 하고 YMCA 활동도 했지만 노동 관련은 처음이니까. 저는 '전태일 보시라'고,* 본인도 그걸 읽어보시고 '재판장한테도 한 권 가져다주고 검사한테도 하나 가져다줬다' 그러고 그 책을. '문성현을 알려면 이 책을 봐야 된다' 그래서 상당히 길게 말씀하셨고, 그런 걸 통해서 변론도 하셨지만 본인도 노동에 관한 여러 가지 생각을 정리하신 게 아니냐 그런 생각이 들어요. 실제로 이후에도 87년도에는 워낙 사건이 많이 터져가지고 본인이 다 못 하셨는데, 86년도에 있었던 사건, 통일의 여영국사건,** 거제도의 세일교통*** 그리고 내 기억에 또 하나 부산 고무공장 진양고무**** 이런 변론을 거의 다 본인이 맡으셨어요, 86년도 한 해에만. 87년은 워낙 바빠서가지고 여기저기에 (사건을) 나눠주는 계기가 되셨는데, 아마 그걸 하시면서 본인이 상담을 많이 하셨던 것 같고, 그리고 86년도 겨울에 남천동 아파트인가? 거기 갔을 때 나하고 쭉 걸으면서 소회를 말씀하시고.

---

* 한국 노동운동의 상징적 인물이다. 17세에 서울 청계천 평화시장 봉제공장에 취직한 그는 낮은 임금과 열악한 근무환경 속에서 열네 시간 이상씩 일하는 13~17세의 여공들을 보면서 노동운동에 관심을 갖기 시작했다. 노조 결성 및 노동조건 개선을 위한 시위가 경찰의 방해로 무산되자, 1970년 11월 13일 22세의 전태일은 '근로기준법을 준수하라'고 외치며 분신해 숨졌다. 이 사건은 산업화 과정에서 희생당한 노동자의 삶이 사회문제로 부각되는 계기가 되면서, 이후 민주화운동과 학생운동에 큰 영향을 미쳤다. 그의 어머니 이소선 여사는 아들의 유언에 따라 '노동자의 어머니'로, 평생 노동운동에 헌신했다. '전태일을 보시라'는 구술자의 말은 조영래가 쓴 《전태일 평전(어느 청년노동자의 삶과 죽음)》을 말한다.

** 1986년 창원에 소재한 ㈜통일의 노동자 여영국·박성철·허재우 등이 점심시간에 공장 식당에서 사측의 노조활동 탄압과 임금인상 요구를 담은 유인물을 배포하고 조합원집회를 열자, 사 측이 집회를 해산시키고 이들을 모두 해고한 사건이다.

*** 1985년 거제의 버스회사 세일교통에서 노조 설립에 참여한 노동자들을 해고한 사건이다. 당시 노조를 이끌었던 조준식·이형로·김석동의 구술이 뒤에 이어진다.

**** 부산에 소재한 고무공장 ㈜진양의 노조가 1987년 8월 비인간적 처우 개선, 어용노조 퇴진, 임금인상을 요구하며 파업한 사건을 말하는 것으로 보인다. 노무현이 변론을 맡은 시기는 분명하지 않다.

정의의 외침 !
- 변호사 변론요지및 최후진술요지 -

1985년 12월 10일 문성현 위원장과 박수철 사무국장이 만 5개월 보름만에 집행유예로 석방되었읍니다. 사법부의 독립과 양심이 지켜지기가 어느 때 보다 어려운 시기에 이러한 놀라운 판결이 나온 것은 오로지 노무현 변호사님의 헌신적인 노력과 개인적 희생을 갚으신 홍광식 판사님의 정의로운 결단에 의한 것이옵습니다. 구속자와 가족 그리고 (주)통일 2,000여 조합원은 이 두분깨 깊이 미력을어 감사를 드립니다. 이미 구속자 두사람 모두 석방되었으나 힘없는 노동자의 처지를 간곡히 호소하시면서도 노동자의 권리를 강력히 주장하신 변호사님의 변론과 2,000여 조합원앞에 천명하였던 위원장과 사무국장의 갚오 와 약속은 언제까지나 우리 가슴속에 남아 감동을 주고 용기를 주는 것이겠기에 요약하여 말씀드리고자 합니다.

- 노무현 변호사님의 변론 -
.... 중 략 -

노동쟁의조정법이란 노동자에게 밥그릇의 밥을 퍼먹을 숟가락을 빼앗는 것과 같음니다. 노동쟁의조정법은 입법과정부터 합법적 절차를 무시하고 몇명의 권력자에 의해 통과되었던 것으로 악법입니다. 악법을 순응해야 하는 것이 아니라 지향해서 머지 시켜고 개정시켜야하는 것입니다. ...중략... 이렇게 점차적인 개선이 보장되지 않을 때 우리가 두려워하는 혁명이 불가피한 것입니다. ...중략... 이번 사건은 (주)통일 관리부장 한기일이 상식적으로 도저히 있을 수없는 일들을 조작해서 고발한데서 비롯되었고 수사기관은 그 빈약한 무고를 조사하다 죄가 없자 1985년 4월 25일 (주)통일 사장 문석권은 물론 창원 시장과 경찰 서장까지 문제삼지 않기로 합의했던 파업을 들추어 구속을 시켰던 것입니다. ...중략... 노동쟁의조정법이란 현행법을 위반한 것은 사실이나 현 노동법하에서는 노동자의 생존권을 수호하는 것이 불가능하기 때문에 생존권을 수호하기 위해서는 법을 위반할 수밖에 없는 현실이 정상참작되어야 합니다. 또한 잘 살수 있는 길을 포기한 것 뿐만아니라 구속과 같은 개인적인 희생도 불사하며 노동자의 권리와 정의의 실현을 위해 몸부림치는 피고들의 양심과 용기는 이 사회가 심판하기 보다는 보호해 주어야 할 것입니다. ...중략...

- 박수철 사무국장의 최후진술 -
노사관계는 정부가 관여할 문제가 아니므로 당사자들에게 일임해야하며 지금과 같이 노동조합을 와해시키기 위해 정부와 회사가 부당한 짓을 하고 있는 것을 중단해야 한다. 4월 25일의 파업은 노동자와 사용자가 합의본 사항이므로 성실히 이행되어야 한다. 이번 사건으로 인하여 노동자의 처지가 얼마나 비참한가를 깨닫게 해준 것을 고맙게 생각하며 재판장께서는 노동자의 아픔을 통찰하시어 올바른 가치판단이 이루어 지기를 바랍니다.

1985년 12월 30일자 통일노동조합수호투쟁위원회가 발행한
《통일노조소식》제4호에 실린 재판 최후 변론 요지(민주화운동기념사업회 자료).

1985년 겨울에 출소하셔서 86년 가을에 부산 남천동 아파트, 그러니까 노변호사 자택에서 수련회를 하셨다는 그 이야기인가요?

문성현　86년도 내가 노무현 변호사 사무실에 가가지고 노옥희하고 천창수*를 만나면서, 울산에 현대엔진이라는 게 있고 거기 권용목**이라는 노사협의회 대표가 아주 대중적으로 일을 잘한다는 이야기를 들은 거죠. 그리고 부산 고무공장 노재열***하고 해고자들 만났고 또 거제도에 가서 거제도 친구들 만나기 시작했고. 86년 한 해는 창원의 통일중공업, 그리고 부산의 고무공장, 울산의 현대엔진 노옥희 선생, 그리고 거제도 나름대로 제가 죽 다니면서 간담회도 하고 그랬기 때문에, 주로 그 사건도 노무현 변호사님이 다 맡으시고. 그래서 자연스럽게 '부산서 한번 만나자' '어디가 좋겠냐?' 한 거죠. 노무현 당시 변호사님이 '그럼 우리 집에서 하자'고 그래가지고, 부산·울산·경남 합동으로 했어요. 그래서 항상 노무현 대통령 생각하면 기억에 남는 첫 장면은 변론 처음 맡았을 때 만났던 그 장면, 그다

● 천창수는 서울대학교 사회교육과를 졸업했으나, 학생운동 경력 때문에 교직 발령을 받지 못하자 1983년에 울산 현대중전기에 입사했다. 1987년 7월 5일 현대엔진 노동조합 결성에 참여했다. 현대엔진을 시작으로 다른 계열사에 노조 결성이 번지며 7월 28일 현대중공업 최초의 파업투쟁으로 이어지자, 사 측은 1988년 8월 6일 위장 취업 혐의로 천창수를 해고했다. 1989년 노조 탄압을 규탄하는 전국노동자대회에서 노옥희와 민중혼례를 치렀다. 권용목의 부친 권처흥이 주례를 봤다.

●● 권용목은 현대엔진노조 초대 위원장으로 1987년의 노동자대투쟁을 이끌었다. 노무현과는 1988년 12월 현대중공업 파업사건 때 처음 만난다. 1995년 민주노총 초대 사무총장을 지냈다.

●●● 노재열은 부산대학교 공대에 휴학 중이던 1981년 부림사건으로 구속됐다. 민주노총 산하의 금속연맹 정책기획실장을 지냈다. 송병곤 구술에도 나온다.

음에가 아파트에서 같이하고 그다음 날, 그러니까 86년 그때 같으면 본인도 평범한 변호사로 남진 않는다는 걸 결심하셨던 때죠. 그리고 이미 범국본****이라든지 하는 전두환 독재에 대한 민주화투쟁이 가열화돼가던 시기니까, 86년 이때는. 그래서 그때 본인이 '평범한 변호사로 살진 않겠다' 이런 말씀을 저한테도 했죠. 그땐 87년도 같은 상황이 올 거라고 생각은 안 했으니까. 둘 다 고생할 각오, 고생이 되더라도 서로 이 길을 가자, 그러고 나서 내가 만나면 '변호사님' 하다가 '형님'이라고도 했다가 [웃음] 그런….

변호사님은 뭐라고 부르셨어요?

문성현 '위원장' '문 위원장' 이랬지.

이혜자 저한테는 '이혜자 씨' 그렇게 했어요.

문성현 그리고 지금 와서 기억이 나는 게 '아, 그래서 그랬구나' 하는 장면이 하나 있어요. 석방이 돼가지고 그때 변호사 사무실에 인사를 가니까 제일 먼저 인사를 바로 시켜주는 사람이 문재인 변호사. '아, 저 사람 때문에 내가 이래 됐다'고 그러면서, 학교 다닐 때 데모도 하고 그런 사람이라고 그때 (노무현 변호사님이) 그랬어요. 그래서

●●●● '호헌반대 민주헌법쟁취 범국민운동본부'는 '민주헌법쟁취 국민운동본부' '국민운동본부' '범국본' '국본' 등으로도 불린다. 국본이 발족한 시기는 1987년 5월이다. 구술자의 착오로 보인다.

노무현 변호사 사무실에 갔는데, 문재인 변호사 책상 있는 방에서 커피를 같이 나눈 그런 기억이 나요. 문재인 변호사는 뭐라 그럴까? 근엄하다 그럴까? 우리 노무현 변호사님이 바로 서로 안고 싶고 손을 바짝 잡고 싶고 그런 친근함, 친숙함, 뭐 그런 면이 있는데, 문재인 변호사는 상당히 키도 크고 얼굴도 근엄한 그런 인상이었죠.

그 시기에 노동운동의 노선, 이런 부분에 관해 얘기 나눈 적도 있으신가요?

문성현　　우리 창원 와가지고 노무현 변호사께서 노동운동 노선과 관련된 것을 이야기하거나 그런 건 없죠. 그런데 부산 쪽에 계시니까 제가 간접적으로 들을 땐, 다른 케이스는 잘 모르겠고 대우정밀 이성도˙ 위원장은 '치고 싸워서 해야 된다'고, 노무현 변호사는 '한 해 두 해도 아니고 벌써 몇 년째 그래가지고 어쩌노? 방법을 찾아야 될 것 아니가?'고, 요런 차이. 처음에는 대우정밀사건 같은 데에도 애정을 가지시고 상당히 적극적으로 도와주시고 하셨는데, 어느 단계 지나니까 본인이 볼 때도 이건 해도 너무한다는 생각을, 아마 국회의원 되시고 난 다음에 그런 생각이 한쪽에 생기기 시작한 것 아니냐.

˙ 이성도는 1986년 방위산업체였던 대우정밀 양산공장에 입사하여, 1987년 8월 13일에 설립된 대우정밀노조의 초대와 2대 위원장을 지냈다. 1988년 4월 임금인상을 요구하는 과정에서 노조원들과 서울로 상경하여 명동성당에서 농성을 벌이는 등 투쟁을 이끌었다. 같은 해 8월, 대우정밀노조 정기총회에서는 당시 초선의원이던 노무현이 특별강연을 하기도 했다.

'노동자들이 어느 단계에 가면 문제를 풀 줄도 알아야 되는데' 하는 생각이었지, 노동운동의 노선에 대해 노무현 변호사가 이러고 저러고 한 것은 아니라고 기억합니다. 저도 지금에 와서는 가능하면 문제를 풀어야 된다는 입장인데요. 그건 하나의 변화이지 노무현 당시 변호사님이 갖고 있었던 노동운동의 노선에 대한 문제는 아니었다, 아주 상식적으로 '싸울 만큼 싸웠으면 이제 풀 줄도 알아야지' 이런 마음을 갖고 계셨던 거라고 생각합니다. 노선이 있었다면 민주주의에 대해서 '지역주의는 안 된다' '참여해야 된다' 두 가지가 있었죠. 그게 기본 노선이라고 할 수 있겠죠. 자기가 정치를 시작하게 된 전후에 노동운동의 폭발과 같이 맞물리고 변호사로서 같이했기 때문에, 노동운동에 대해서는 어떤 정치인보다도 애정이 있고 이해를 하려고 많이 노력하신 분이다….

이혜자   그런 건 있을 수 있겠죠. 부산에서 학생운동사건 맡으면 이런저런 노선 또는 정파의 학생들을 맡아서 하실 수도 있을 것이고, 또 하나는 당사자든 아니면 노무현 변호사처럼 한발 외곽에 있든, 운동이 분열되어서 서로 힘을 합하지 않고 싸우게 되는 걸 지켜보는 입장은 굉장히 안타까웠을 것 같아요.**

** 이혜자는 이 책의 출간을 앞둔 2015년 4월 21일, 수록될 구술에 첨언했으면 한다며 다음과 같은 소회를 보내왔다. "노동운동에 대한 헌신과 책임의식, 다른 한편으로 현장의 투사가 아니라 변호인으로서의 역할에서 오는 인식과 판단의 차이, 이런 것이 죽 있었다고 생각하고요. 최근 민변의 권영국 변호사 정도나 노무현 변호사와 버금가는 열정이 있겠지만, 아마도 영원히 '노동자를 사랑한 노무현, 노무현을 사랑한 노동자'로서, 유일한 노동변호사로 기억될 것입니다. 노동자의 투쟁이 분출된 1987년의 역사가 이제는 신화이듯이 노동변호사 노무현도 신화일 것입니다."

문성현　　노선과 관련해서 보면 노무현 대통령께서 이미 그 당시 민주화운동 내에 있었던 피디(PD),* 엔디(ND),** 엔엘(NL)*** 같은 사회구성체 논쟁을 변론을 위해서나 운동을 위해서나 보셨을 거고, 우리도 몇 차례 만나면서 스쳐 지나가더라도 부산 어디 소줏집에 앉아서 했든지 그런 이야기를 서로 했을 것 같은데, 그 정도까지는 서로 확인되죠. 민중당을 만들었을 때 거기엔 동의하지 않았던. 노무현 변호사께서 왜 정치를 하게 됐나를 지금 와서 생각해보면 국회의원 되고 나서 딴 데 안 가고 노동위원회를 하잖아요. 나중에 환노위(환경노동위)가 되는데, 거기서 열심히 하시고 그 뒤로도 민주당 내에서 현대자동차사건이 있을 때 책임을 맡으시고**** 한 걸 보면, 정치라는 걸 통해서 일정하게 노동문제 쪽에 해야 될 역할이 있다, 특히 변호사로서 재판을 해봐도 법에도 한계가 있잖아요. 나하고 남천동 바닷가 거닐면서 한 이야기가 '문 위원장은 현장 가서 이렇게 올라왔지만 그렇다고 해서 내가 지금 공장 노동자가 될 순 없는 거 아닌가, 그러니

● 민중민주혁명론(People's Democratic Revolution, PDR)을 말한다. 1980년대 학생운동의 한 갈래로 '평등파'라고도 한다. 자본가와 노동자의 계급투쟁을 중심으로 사회구조와 현상을 접근했다.

●● 민족민주혁명론(National Democratic Revolution, NDR)을 말한다. 1980년대 학생운동의 한 갈래로 마르크스·레닌주의에 충실하며, PD 계열의 모태가 되었으나 소멸됐다.

●●● 민족해방민중민주주의혁명론(National Liberation People's Democracy Revolution)을 말한다. 1980년대 학생운동의 한 갈래로 '자주파'라고도 불린다. 학생운동 및 변혁운동의 초점을 반미 문제와 남북문제로 본다.

●●●● 현대자동차는 1998년 IMF 사태 당시 4,830명에 대한 정리해고 계획을 발표한다. 노조가 시한부 파업에 돌입하고 고공농성을 벌이자 회사는 무기한 휴업으로 맞섰다. 이처럼 대립이 극한으로 치닫는 가운데 새정치국민회의 부총재이었던 노무현은 당 노사정지원특위위원장 자격으로 울산에 내려가, 6일간의 중재 협상 끝에 277명 정리해고를 골자로 하는 고용조정안에 대한 노사합의를 이끌어낸다. 《운명이다》 153쪽에도 이 이야기가 나온다.

까 나는 내 위치에서 노동자와 함께 살겠다'라고, 내 위치에서 노동자와 함께 살겠다, 그 말씀을 분명히 하셨거든. 87년 투쟁이 벌어지면서 법적인 문제가 많이 발생하고 변호사가 여기저기 다녀야 되는데, 그렇다고 자기가 변호사를 버리고 노동자로 살 수도 없고 투쟁 현장에 갈 수도 없고, 변론을 하는데 그것도 한계가 있고. '그럼 내가 내 위치에서 이 노동자들을 위해서 더 할 수 있는 일이 뭔가?' 그러면서 자연스럽게 정치를 생각하셨을 거야, 지금 와서 보면. 자기 위치에서 할 수 있는 가장 정확한 게 뭐냐? 정치다. 이런 생각을 했던 것 같아요.

[사료번호 53669]

노무현과 구술자 문성현은 참여정부 시절
대통령으로, 민주노동당 대표로 다시 만난다.
2007년 10월 11일 남북정상회담 관련 정당대표 및 원내대표 초청 오찬에서
옆자리에 앉아 건배하는 대통령 노무현과 민주노동당 대표 문성현.

거제로 간 노무현, 대우조선, 첫 구속

구술자 장상훈은

1958년 경남 거제에서 태어났다. 1977년 부산대학교 약대에 입학, 민중가요집 《진리》를 발행하고, 1980년 5월 24일 부산 서면에 광주항쟁의 진실을 알리는 유인물을 뿌린다. 학교를 졸업한 해인 1981년 9월 동래경찰서에 연행되어 부림사건 2차 구속자가 되면서 노무현을 처음 만났다. 1982년 2월 부림사건 구속자 23명 중 유일하게 집행유예로 풀려난 후, 1983년부터 고향 거제 장승포에 '우당약국'을 차렸다. 1984년 6월 1일 새부산예식장에서 노무현의 주례로 결혼한다.

1986년 거제 장승포성당 강연에 참석한 것을 계기로 노동자들과 노동법 공부 모임을 갖기 시작한다. 1987년 대우조선 이석규 열사사건이 발생했을 때는 노무현과 같이 현장을 지켰다.

1995년 거제 시의원에 당선됐고, 2002년 대선 때는 거제시 선대위원장을 맡아 노무현을 도왔다. 2004년 거제에서 열린우리당 후보로 17대 총선에 출마, 한나라당 김기춘 후보와 맞붙기도 했다.

● '돈 없는 사람들이 찾아가 사정을 하면 돈을 거의 안 받고도 변호해 줬다.'

부림사건 당시 노무현은 장상훈의 변호인이 아니었다. 감옥소 벽 너머로 전해 들은 이런 이야기 탓인지 법정에서 본 모습 때문인지, 자기 변호인을 제쳐두고 출소 후 감사 인사를 한다며 노무현을 찾아갔던 장상훈은 이후에도 필요할 때마다 그의 곁을 지키며 도왔다. 장상훈은 장승포성당에서 대우조선 노동자들을 대상으로 강연한 것을 계기로 노무현이 거제까지 '진출하는' 과정, 처음 구속되고 변호사 업무 정지 처분으로 이어진 대우조선 이석규 사망사건 관련 활동 등을 주요하게 이야기하고 있다. 노무현이 처음 주례를 본 결혼식 이야기도 인상 깊다. 그가 지켜본 노무현은 어느 날 갑자기 인권변호사가 된 사람이 아니었다.

장상훈의 구술은 2012년 8월 23일 부천 베스티안병원에서 진행된 면담 내용 가운데 해당 시기를 발췌·정리한 것이다.

장상훈　저는 77년도에 부산대 약대에 입학해서 81년에 졸업하고, 얼마 있다가 부림사건에 연루돼가지고 가장 가벼운 단계인 집행유예로 나왔어요. 82년에 출감해서 신발·봉제공장을 좀 다니다가 84년도에 거제로 가서 약국을 시작했지요. 84년 6월 1일에 결혼할 때 노무현 변호사를 주례 선생으로 모셨는데, 그때가 대통령님의 첫 주례였던 걸로 알고 있습니다. 그 뒤에는 87년 대우조선의 이석규 열사가 돌아가셨을 때 그 처리 과정에서 노 변호사님 신세를 또 지게 됐죠. 변호사님은 구속되고 저는 잠시 피신하는 과정을 거쳤습니다. 거제에서는 20여 년 정도 약국을 했고 중간에 시의원에 당선돼서 지방자치 발전에도 나름대로 참여해보고, 그러던 차에 노 대통령께서 대선 출마를 하시겠다고 해서 약국을 거의 1년 동안 쉬다시피 하면서 같이 뛰어다녔지요.

부림사건을 통해 대통령님을 처음 뵌 건가요? 첫인상 같은 거 기억나십니까?

장상훈   변호사님이 투박하게 생겼잖아요? 그게 우리하고 비슷한 것 같아서 마음에 들었고. 그때 변호사가 네 분 정도* 계셨던 걸로 기억하는데, 노무현 변호사는 제 담당 변호사는 아니었어요. 하지만 법정에서 저희를 위해서 애써주시는 모습을 보면서 '참 진지하다'라는 느낌을 받았습니다. 이분이 당시에는 우리처럼 의식화되어 있는 분은 아니지만, 기본적으로 본성 자체가 굉장히 착한 분이다, 굉장히 착하면서 굉장히 다혈질인 분이다, 이런 느낌을 받았습니다. 그

---

* 부림사건 변호인단은 이흥록, 장두경, 박재봉, 정차두, 노무현, 이렇게 다섯 명이었다.

리고 이거는 교도소 안에서 통방(通房)을 하면서 제가 직접 들은 이야기인데, 흔히 잡범이라고 하죠? 그런 사람들이 제 변호사가 누구냐고 묻길래, 노무현 변호사가 그중에 한 분이라고 했더니 '노무현 변호사 아주 좋은 분이다' 그렇게 이야기하더라고요. '어떻게 좋은 분인데?' 하니깐, 돈 없고 이런 사람들이 찾아가 사정을 하면 돈을 거의 안 받고도 변호해준다, 심지어는 남편이 잡혀 들어간 아주머니가 변호사 사무실에 가서 뭐라도 하겠다고 사무실 청소를 해가며 변호 좀 해달라고 부탁하니깐 들어주셨다, 이런 이야기도 들었거든요. 저는 그분이 우리를 만나가지고 어느 날 뚝딱 인권변호사로 변모한 건 아니라고 생각해요. 우리를 만나기 전부터 정말 이 세상에 고민을 뭔가 함께 풀어 나가려는 그런 것이 가슴속에 있었던 것 아닌가. 교도소 안에서 이야기를 들으면서 원래 그런 분이라고 이해를 하게 되었죠. 한 가지 더 말씀드리면, 이건 사실 인권변호사 되고 한참 뒤의 일이지만, 옛날에는 버스가 직접 돈을 내고 타는 거였고, 또 차장, 안내원이 있었지요. 그 당시 소위 '삥땅'이라고 해가지고 요금 중에 일부를 가져가는 게 있었습니다. 아주 보편적이었던 거였어요. 기사들 급여가 워낙 적었기 때문에, 또 기사들이 너무 과로하니까 그 돈 가지고 음료수 같은 것을 사 드신다든지 그런 식으로 관행적으로 있었는데, 거제에도 버스회사가 있었단 말입니다.* 그쪽 기사 아저씨 몇

---

* 1985년 발생한 세일교통노조 해고사건을 말한다. 해고 당사자인 조준식·이형로·김석동의 구술이 뒤에 이어진다.

분이 노조활동에 좀 적극적이었어요. 그래서 회사 측에서 보복 차원이랄까 견제 차원에서 이분들의 행위를 경찰에 고발하기에 이르렀어요. 그래서 구속이 됐는데, 참 웃기는 거지요. '삥땅' 액수가 기껏 해봐야 1~2만 원 정도인데, 그것 가지고 구속이 된 거예요. 이분들이 노 변호사님한테 가서 부탁을 했는데, 그때만 해도 부산에서 통영까지 굉장히 먼 거리였습니다. 산길을 꼬불꼬불 돌아와서 빨리 운전하는 사람이 두 시간 반 정도 걸리는 거리였는데, 그 먼 길을 마다하지 않고 통영까지 변호를 해주러 오셨어요. 나중에 기사 아저씨 부인들이 미안해가지고 돈을 조금 모아가지고 변호사님에게 밥을 한 끼 대접하려고 식당에 갔대요. 부인들이 밥값을 계산하려고 하니깐 변호사님이 웃으시면서 '그래도 제가 형편이 나은데 제가 계산해야지요' 그랬다고 하는 얘기를 기사분들이 저한테 해주더라고요. 그러니깐 변호사님 주변에 들려오는 이야기는 그분의 인간성이 어떤가, 그분의 마음 씀씀이가 어떤가를 그대로 증명해주는 부분인 거죠.

부림사건에 연루되고 집행유예로 나왔다고 하셨는데, 나와서 대통령님을 만나셨나요?

장상훈　　당연히 인사 가야지요. 저도 웃기는 게, 그때 변호사가 네 분이었고 또 저를 담당해준 변호사님도 계셨는데, 정작 그분한테는 안 찾아가고 달랑 노무현 변호사님한테만 찾아갔어요. 제 담당 변호사는 아니었지만 재판 과정에서 많은 인상을 받았기 때문에 그랬던 거라고 생각합니다. 출감하고 얼마 안 돼 찾아가서 인사를 드렸던 것 같습니다. 어렴풋하게 기억나는 건 굉장히 따뜻하게 대해주셨던 것 같아요. 위로를 많이 해주시면서 기죽지 않게 해주시려고 노력하셨던 것 같아요. 더 힘내고 더 세상하고 부딪치면서 살아라, 하는 용기를 주실려고 했고. '상훈 씨는 어쩌다가 이렇게 활동하게 됐냐' 이러시면서, 재판 과정에서 할 수 없었던 비하인드 스토리(behind story)도 서로 이야기하고. 그러다가 분위기가 익사이팅(exciting) 해지니깐 변호사님 성격대로 지나가는 말투 비슷하게 '아, 나도 마, 상훈 씨처럼 젊으면 길에 나가서 한판 붙어버리고 싶어' 그런 식으로 [웃음] 말씀하시더라고. 그래서 웃고 말았는데, 1~2년 지나니깐 부산에서 싸움 나면 변호사님이 최고 앞장서신다고 하더라고요. [웃음] 그래서 당신이 말씀하신 대로 하시는구나, 나중에 생각했지요.

주례 서주신 얘기도 해주시죠. 대통령님의 첫 주례라고 하던데요.

장상훈　　제가 84년 6월 달에 결혼을 하게 됐는데, 집사람 말로는 결혼하기 전에 저하고 한 번 인사드리러 갔다고 그러더라고. 난 정확히 기억은 안 나요, 집사람은 기억하는데. 여하튼 결혼을 해야 하는데 그때 거제에서 약국을 하느라 도저히 시간이 없어서, 당시 친한 친구 이진걸*이한테 예식장이나 주례 뭐 이런 부분을 부탁했더니, 전화가 와서 주례를 노무현 변호사로 하면 어떻겠느냐 이야기하는 거예요. 그때 이진걸이 그런 토를 달았던 것 같아요. 우리 사건(부림사건), 또 부미방으로 해서 노 변호사께서 인권변호사의 길로 왔는데 결혼식의 주례, 이런 이벤트는 우리 사이를 좀 더 가깝게 만드는 것 아니겠냐, 저도 그 이야기를 듣고 엄청 좋다고 했지요. 해주시겠다면 그게 어디냐. 제가 그때 스물여덟 살이었는데 대통령하고 띠동갑이에요. 당신이 마흔이셨지요. 그래서 이제 결혼식을 하는데 신랑 입장해가지고 주례 앞에 딱 서니깐, 주례가 달달 떨고 있더라고요. [웃음] 근데 저도 '신랑 입장' 이래서 올라갈 때 사실 많이 떨렸어요. 딱 올라갔는데 주례 선생이 떨고 있는 거 보니깐 둘이 서로 우스워가지고, 나는 뒤에서 하객들이 안 보이니까 웃을 수가 있잖아요. [웃음] 주례 선생님 보면서 웃었거든요. 그러면서 제가 떨리는 건 다 없어졌어요. 그때 광주민주항쟁 터지고, 부미방 이후 얼마 안 됐고, 부림 징역 살고 풀려나온 지 얼마 안 됐고, 그래서 부산 분위기가 굉장히 처져 있었습니다. 그래서 그때 부산에 있는 친구들이 제 결혼식을 분위기를 업(up) 하는, 단합대회 느낌으로 기획한 것 같아요. 사실 그때 제가 처음 보는 하객이 너무 많이 왔어요. [웃음] 그 당시로는 좀 결

● 이진걸은 부산대학교 4학년에 재학 중이던 1981년 10월, 부림사건으로 장상훈과 같이 2차 구속되어 옥고를 치렀다. 2015년 현재 노무현재단 부산지역위원회 자문위원을 맡고 있다.

혼식이 파격적이었지요. 여동생 친구들 중심으로 해서 그 당시 듣기 쉽지 않았던 운동권 노래도 불러주고. 또 주례 선생님은 신랑 신부는 앞으로 돈 많이 벌어가지고 잘살아라, 이런 말씀이 아니고 신랑 신부는 이 세상을 바로 만들기 위해서 힘을 합쳐서 노력해라, 그런 주례 말씀이었고. 그래서 가까운 친지들은 다들 충격이었어요. 요즘도 친지들이 결혼식 이야기를 하곤 하는데, 그때 노무현 변호사한테 인상을 아주 많이 받았다 하는 분이 많이 있어요. 그뿐만 아닙니다. 피로연을 대신동에 있는 유스호스텔을 빌려서 했는데, 제가 보기에 250명은 온 것 같아요. 엄청나게 왔어요. 정말 기억에 남는 거는 6월 1일이니까 해는 바뀌었지만 광주민중학살이 있고 얼마 안 됐지 않습니까. 그래서 이진걸이가 낭독했던가? '전두환 학살정권에게 고함' 이런 식의 성명서도 낭독하고 그랬습니다. 옛날에 YMCA 위장결혼사건* 아시죠? 그건 위장결혼이었지만, 그날은 공식 결혼식 날에 그런 게 진행이 됐지요. 부산의 어른부터 학생까지 많은 사람이 모여가지고 아주 열띤 자리가 됐습니다. 그래서 노 변호사님도 주례 선생님으로 피로연에 와서 같이 어울렸던 거지요. 술도 많이 드시고. 우리 집에 사진이 하나 있는데 [웃음] 춤도 잘 추시더라고요.

---

* YWCA 위장결혼식사건을 말한다. 1979년 10·26사태 이후 유신세력은 전국에 비상계엄을 선포하고 통일주체국민회의를 통해 대통령을 선출하려는 움직임을 보였다. 이에 윤보선·함석헌 등 재야인사들은 11월 24일 서울 명동 YWCA강당에서 가상 결혼식을 열고, 그 자리에 함께 모인 500여 명의 참석자들에게 '통대(통일주체국민회의 대통령 선출) 저지를 위한 국민선언' 유인물을 살포하고, 체육관 대통령 선출에 반대한다는 성명서를 낭독했다.

1984년 6월 1일 구술자 장상훈의 결혼식 피로연에서
'광주 5·18민주화운동에 대한 우리의 입장' 성명서 낭독을
듣고 있는 노무현과 참석자들.
구술자 장상훈 기증.

[사료번호 47592]

1984년 6월 1일 구술자 장상훈의 결혼식 피로연에서
춤을 추는 노무현(사진 맨 오른쪽)과 참석자들.
구술자 장상훈 기증.

[팔을 들어 보이며] 이래가지고, 춤추시는 폼이 잡혔어요. 그때는 뭐라 그 럴까. 부림사건 때는 관찰자였고 조력자였다면, 제 결혼식 때는 이 분이 이제 우리하고 같이 걸어 나가고 있구나, 그 변화를 느꼈어요.

거제에서도 인연이 이어지시죠?

장상훈　83년에 고향 거제로 내려가서 약국을 시작했는데, 대우조 선 노동자들 현실이 너무 어려웠어요. 지금은 대기업노조다, 노동귀 족이다, 그런 시비도 있지만 그때는 정말 열악했습니다. 사람도 많 이 죽고 산재도 많이 발생하고. 사실 그분들하고 약국에서 접하게 됐는데요, 약을 사고파는 외에 많은 사람과 삶의 문제도 얘기할 수 있기 때문에 약국이라는 공간이 참 좋은 공간이에요. 그러던 차에 86년 하반기인가 87년인가, 노무현 변호사님한테서 연락이 온 거예 요.* 장승포성당에 노동법 강연하러 가니 상훈 씨도 한번 와보라고. 그래서 그날 약국 일찍 파하고 집사람하고 둘이서 장승포성당에 갔 다가 정말 놀랐습니다. 노동자들이 그런 데 대해서 굉장히 목말라했 던 거예요. 그 성당에 거의 200~300명이 모였더라고요. 노동법 강 연 내용도 있었지만 변호사님은 그보다도 노동자의 권익은 결국 스

---

* 이어지는 조준식 구술과 대우조선노조 창립 시기 등을 감안하면 1986년으로 추정된다.

스로 찾아 나가야 한다, 그러기 위해서는 깨우쳐야 한다, 이런 취지의 말씀을 하셨던 것으로 기억해요. 그리고 강의 다 끝나고 제가 있는 걸 보시더니 '오늘 내가 이렇게 많이 이야기했는데 충분하지 않을 것이다. 혹시 의문이 나는 사람이 있으면 저기 장상훈 씨라고 장승포에서 약국을 하고 있는데, 찾아가면 조언을 들을 수 있을 거다'라고 말씀하시더라고요. 그래서 제가 일어나서 인사를 한 번 했습니다. 그다음 날 정말 약국으로 일곱 명의 대우조선 노동자가 찾아왔어요. 그래서 그 친구들하고 소주를 한잔 했는데, 자기네들이 이렇게 열악한 노동 현실에서 탈피할 수 있는 방법이 뭐냐, 그다음에 노동조합은 어떻게 만드는 거냐, 이런 것을 저한테 물어왔습니다. 그 당시에 대우조선에는 노동조합이 없었습니다. 그래서 '좋다. 지금부터 내가 그걸 가르쳐줄 테니깐, 여러분은 나하고 모임을 하나 하자' 하니까 다들 좋아했습니다. 그래서 약국 가까운 데다 방을 하나 얻어가지고 그분들 퇴근하고 오시면 같이 모여 앉아서, 우리가 학교 시절에 하던 소위 의식화 학습 플러스(+) 노동법에 대한 공부 이런 걸 쭉 진행했습니다. 결국 변호사님이 장승포성당에 오셔서 강의한 게 제가 거제에서 노동자들과 더불어가지고 소모임을 꾸릴 수 있는 계기가 되었던 거지요. 그때 그런 상황에 대해서 당연스럽게 받아들였기 때문에 당황스럽지는 않았어요. 솔직히 말해서 '아, 드디어 변호사님이 여기에 와서 나한테 구체적인 일거리를 던져주는구나. 드디어 내가 거제도를 떠나지 않고도 여기서 할 일을 찾을 수 있게 되었구나' 하는 기쁨이 더 컸지요.

김영식° 신부님이라는 분도 도움을 많이 주셨던 거 같아요.

장상훈　김영식 신부님은 거제성당 신부님이셨습니다. 나중에 들은 얘기인데 장승포성당 강연을 오시게 된 계기가, 거제도에 자생적 노조를 만든 버스회사노조 조합원들°°이 당시 보안대 이런 데로부터 굉장히 핍박을 받고 있었대요. 그러다 이분들이 어떻게 부산에 노동법률상담소가 있다는 걸 알게 돼가지고 변호사님을 찾아가 도움을 청했나 봐요. 나중에 그분이 초대 거제 시의원까지 하게 됐어요. 조준식 씨라고 저보다 한 여덟아홉 살 많은데, 저는 '아저씨, 아저씨' 그리고 참 친했거든요. 찾아가서 노 변호사님하고 이것저것 대화도 하고. 또 조준식 씨를 도와주던 분 중에 한 분이 김영식 신부님이었어요. 제가 보기에는 노 변호사님이 부산에서 소위 경공업에 종사하는 노동자들만 쭉 보시다가, 양대 조선소°°°가 있고 하니까 거제에 대해서 관심을 좀 가지셨던 것 같아요. 그러면서 거제도에서

° 김영식 신부는 서울의 함세웅 신부, 부산의 송기인 신부와 함께 경남 지역에서 1970~1980년대의 민주화운동을 이끌었다. 1987년 당시 진주 장재동 천주교회 소속으로 민주헌법쟁취 국민운동본부 경남지부의 상임대표를 맡아 6월항쟁의 구심점 역할을 했다. 이후 대우조선 고 이석규 장례식사건에서 노무현과 같이 제3자 개입 금지 위반 혐의로 구속됐다.

°° 세일교통노조를 말한다. 이에 관한 조준식·이형로·김석동의 구술이 뒤에 이어진다.

일하시는 버스 기사 아저씨들이 와서 도움을 청하니깐, 아마 변호사님이 거제도에 한번 가보고 싶다, 노동자들을 대상으로 강연 같은 걸 해보고 싶다 하는 이야기를 하고, 그래서 조준식 씨가 김영식 신부님이랑 의논을 해서 거제성당은 너무 멀기 때문에 장승포성당이 좋겠다, 이래가지고 장승포성당에서 강연회를 갖게 된 것으로 알고 있습니다. 변호사님이 한 강연회가 노동자들의 권익을 찾는 대중 강연으로는 거제에서 처음이었지 않나 생각합니다.

대우조선 이석규 씨 사건도 연관되시나요? 대통령님이 처음 구속되셨던.

장상훈 87년 6월이나 7월쯤 됐을 겁니다. 대우조선에서 상고문사건*이 터집니다. 상고문 원(1), 상고문 투(2) 이렇게 나왔거든요. 그걸 계기로 해서 꽉 눌려 있던 사람들이 움직이기 시작했지요. 그러다가 노동조합을 만들게 되었는데, 노조하고 회사하고 협상하는 데 있어서 한계가 있고 결국 갈등이 불거지면서 노동자들이 몇 차례 길거리로 나오게 되죠. 그러다가 8월 23일에는 경찰하고 대치하면서

●●● 대우 옥포조선소와 삼성 거제조선소를 말한다.

● 노조 결성을 추진하던 대우조선 노동자들은 1987년 1월 22일과 2월 24일 두 번에 걸쳐 '상고문'이라는 유인물 수천 장을 공장과 기숙사에 뿌렸다. 상고문은 임금, 산업재해, 퇴직금, 노사협의회 등의 사항에 대한 회사 측의 부당 조치를 조목조목 비판하는 내용을 담고 있었다.

본격적으로 옥포 시내로 나오는데, 최루탄은 원래 발사를 하늘로 하게 되어 있잖아요. 그런데 경찰이 사람 가슴을 향해 쏴서 젊은 이석규 씨가 죽음을 맞게 된 거지요. 그날도 저는 약국에서 일하고 있었는데 오후 시간에 대우조선 다니는 친구한테 전화가 왔더라고요. '옥포에서 큰 시위가 있었는데 한 노동자가 최루탄을 맞고 쓰러졌다, 죽은 것 같다.' 바로 약국 문 닫고 카메라 하나 들고 대우병원으로 쫓아갔습니다. 그때만 해도 아직 그 사건의 심각성을 경찰도 모르고 회사도 모르고 아무도 몰랐기 때문에, 사람이 별로 없고 시신만 병원 냉동고에 달랑 넣어놓고 가버렸더라고요. 대우병원 시체 안치실에 있는 분에게 강압적으로 이야기해서 시신을 봤어요. 가슴에 정말 최루탄 파편을 대여섯 개 맞은 것 같더라고요. 까만 점이 타다닥 박혀 있었어요. 카메라로 시신을 촬영하고 한 시간 정도 지나니깐 노동자들이 한 명씩 두 명씩 모이기 시작했습니다. 저는 사태가 여간 심각한 게 아니라고 느꼈어요. 노 대통령님 자서전에는 거제도에 그런 일이 생겼다는 걸 호철이한테 전해 들었다고 되어 있더라고요. 부산에서는 어떤 연락체계로 그렇게 됐는지 모르겠는데 저는 일단 고호석 선배에게 연락을 드렸거든요. 고호석 선배가 사발통문을 돌린 것 같아요. 그래서 그다음 날 아침에 노 변호사께서 내려오신 걸로 기억합니다. 노 변호사님도 오시고 이상수 변호사도 오시면서, 자연스럽게 장례위원회가 개편돼 나갔지요.

이후 상황이 좋진 않았죠.

장상훈   그러니까 사건 다음 날 부산이나 서울에서 많은 사람이 오시고 장례대책위원회를 꾸리니까 회사 쪽에서도 대책을 강구하기 시작했어요. 당시는 3자 개입 금지라는 게 있었기 때문에, 소위 서울에서 온 사람들은 이런 기회를 활용해서 사회 전복을 꾸미는 사람들이다, 이런 식으로 선전을 해서 상당히 먹혀 들어갔어요. 언론 환경도 워낙 안 좋았지요. 그러니까 노동자들 사이에서 우리를 이상하게 보는 시각도 있었어요. 그때마다 저나 저하고 소모임을 꾸렸던 사람들이 주변 사람들을 설득했습니다. 그래서 분위기가 풀렸다가 신문에 뉴스가 한 방 나오면 또 분위기가 이상해지고. 대우조선노조집행부 태도도 좀 애매모호했어요. 수습 과정을 자기네들이 주도해 나가야 된다고 생각하면서, 또 너무 큰일이니까 외부에서 도와주는 분들이 필요하기도 하고. 그런 것이 복합적으로 작용하면서, 노 대통령이 남기신 글*에도 나와 있지만 장례식이 연기되는 과정을 거치고 며칠 끌었어요. 기억나는 게 그때 텐트를 쳐놓고 안에서 협상을 하는데 변호사님이 화를 팍 내시면서 한 번씩 나와요. 얼굴이 붉으락푸르락하면서 하시는 말씀이 '회사 측이 양보를 잘 안 한다'. 제가 알고 있기로 변호사님은 장례식만 잘 치르는 게 중요한 게

• 노무현은 《여보, 나좀 도와줘》(229~231쪽)와 《운명이다》(93쪽)에 당시 일을 기록해놓았다.

아니고, 이걸 마무리 지으면서 당시에 걸려 있던 임금협상 같은 문제도 다 같이 풀어 나가야 된다고 생각하셨던 거 같아요. 그래서 그런 과정이 원활하게 안 돌아가니까 한 번씩 성질을 못 이기셔가지고 뛰쳐나오고 그랬어요. 나오시면서 한번은 그런 이야기를 하시더라고요. 이상수 변호사 대단하다, 저 양반 진짜 엉덩이가 무겁다고. 저런 분위기 속에서 화도 안 내고 정말 끈기 있게 잘한다는 거예요. [웃음] 여하튼 그러면서 나도 계속 병원에서 노동자들하고 같이 자고 이야기하다가 마지막엔 결국 시신도 탈취당하고, 저는 백골단에게 공격을 받아서 산길로 거제까지 다시 걸어서 넘어왔습니다. 변호사님은 그 사건으로 구속되신 거죠. 그래도 당시 과정을 보면 현장 분위기가 변호사님이 이야기를 하면 노동자들이 다들 경청해줬어요. 그니까 변호사님이 노동법 강의한 게 아주 의미 있었다는 생각이 들어요. 또 '인권변호사 노무현'에 대한 인식을 그때 가진 거 같애. 그때 장례대책위원회 기념사 같은 것도 노무현 변호사가 하게 된 게, 다른 이유도 있겠지만 일단 노동자들이 노무현 변호사가 나와서 이야기하는 데 대해서 거부감을 안 가졌어요. 그게 크게 작용하지 않았나 하는 생각이 들더라고요.

[사료번호 68979]

1987년 9월 24일 대우조선 고 이석규 장례식 방해 혐의 등으로
구속 23일만에 석방된 노무현과 석방을 환영하는 부산국본 관계자들.

"사람을 잘 만났구나,
진짜로 진짜를 만났구나"

구술자 조준식·이형로·김석동은

조준식은 1951년 경남 김해에서 태어나 1982년에 거제의 버스회사인 세일교통에 입사했다. 1950년 경남 통영에서 태어난 이형로는 1982년에, 1951년 경남 사천에서 태어난 김석동은 1983년에 세일교통에 입사했다. 세 사람은 1982년 12월에 결성한 세일교통노조의 삼총사로 불린다. 노조 결성 이후 겪은 보안대의 폭력적인 탄압과 회사의 해고 조치, 복직투쟁을 비롯한 노무현의 지원 활동이 구술에서 주요하게 소개된다. 노조위원장을 맡았던 조준식은 1991년 거제시 초대 시의원을 지냈으며, 2002년 대선 경선 당시 거제에 방문한 노무현 후보를 수행하는 등 관계가 이어졌다.

● 1982년, 조준식은 70~80여 명의 노동자가 일하던 세일교통에서 노조 설립을 주도하고 초대 위원장으로 선출됐다. 1985년 어용노조화를 꾀하며 회사 측이 내세운 후보를 누르고 2대 위원장으로 연임하면서부터 탄압이 본격화된다. 조준식은 당시 보안대에 수차례 끌려가 구타를 당했고 결국 이형로·김석동과 함께 해고당했다. 세 사람은 거제에서 배를 타고 부산으로 향했고 그렇게 노무현을 만났다.

조준식·이형로·김석동의 구술에는 재판정 밖에서도 자신들을 감싸며 직접 보안대 요원들과 맞서고 나중엔 회사와 담판까지 짓는 노무현의 활동이 담겨 있다. 아울러 노무현을 만나면서 자신들도 바뀌어간 과정을 이야기하고 있다. 그런 면에서 이들의 구술은 변호인이 의뢰인을 변화시킨 기록이도 하다.

세일교통노조 변론 과정은 초기 저서 《여보, 나좀 도와줘》, 자서전 《운명이다》에도 기술되어 있다.

조준식·이형로·김석동의 구술은 2012년 4월 6일 거제시 연초면에서 집담(集談)으로 진행되었으며, 이 가운데 해당 시기를 발췌·정리한 것이다.

조준식　제가 82년도 3월경부터 거제 지역 세일교통에서 근무를 했는데요, 노동조건이 너무나 악조건이어서 그해 12월경에 노동조합 설립에 나서게 됐습니다. 70~80명 정도 되는 동료들이 전부 찬성을 해서 노동조합을 처음 설립했는데, 없던 노동조합이 갑자기 생기니까 회사의 탄압이 너무 심해가지고 우리 친구 삼총사가 전부 어려움을 겪고 해고를 당하고, 그런 이유로 해서 대통령님 변호사 시절에 저희가 소문을 듣고 찾아가게 되었습니다.

당시 급여라든지 근무시간이라든지 노동조건이 어땠습니까?

조준식 급여는 월 24만 원인데 근로기준법과 비교를 해보면 이건 도저히 이해를 할 수 없는 악조건이었습니다. 그런 것을 근로기준법에 준해서 요구했는데 사용자가 부담스러우니까 결국 노동조합을 탄압하기 시작한 거죠. 그때 당시에 제도 속에서 뭔가 찾아볼려고 백방으로 노력을 했고, 지역에 있는 단체나 국회의원들을 만나서 이야기하니까 다 거절하고 회피했습니다. 그러던 와중에 항운노조인지 해운노조인지 잘 모르겠는데, 좋은 인권변호사가 부산에 있는데 한번 찾아가 보라고.

김석동 찾아간 거는 맞는데 옛날에 《현대노사》라고 하는 책이 있었어요. 그 책을 사 봤는데 그 책 속에 부산에서 인권변호를 하시는 노무현 변호사님을 봤어요. 그래서 우리 세 사람이 그때 찾아갔어요. 1985년 5월쯤 됐을 거예요.

조준식 배를 타고 변호사 사무실에 들렀는데 '어떻게 오셨습니까?'라고 하시기에, 그때는 누군 줄도 모르고 '노무현 변호사님을 좀 뵈러 왔습니다'라고 했죠. '제가 노무현 변호사입니다' 이렇게 해서 쳐다보니까 상당히 소탈하고 근엄한 맛이 없고 정말 친근감이 있었습니다. 그동안에 우리가 받았던 탄압 또는 제가 맞아서 다리가 부어가 있는 이런 모습을 보여줄까 말까 망설이면서 조용조용히 한참 대화를 하다 보니깐 친근감이 들어서 내용을 전부 설명을 올렸더만, 가족이 몇 명이냐고 묻더만요. 애기 둘하고 집사람하고 넷이라고 하니까, 이런 정도의 탄압 같은 경우는 생명을 보장 못 하니까 부산으로 이사를 오면 안 되겠냐고 그렇게 말씀을 합디다. 그래서 우리 세 명이 의논을 했어요. 흩어지면 우리 지역에서 인자 노동조합을 할수 없으니까 안 되겠다고 의견을 모으고 거제도로 왔습니다. 그 이튿날 되니까 거제면에 계시는 김영식 신부님한테 전화가 왔어요. 조준식 위원장이냐 하기에 그렇다고 하니까 '저는 거제본당의 김영식 신부입니다' 이러면서 좀 만나야 되겠다고 말씀을 합디다. 그래서 오전에 세 사람이 성당으로 찾아가서 신부님을 뵙고 이런 상황을 어떻게 알게 되었냐고 하니까, 노무현 변호사 사무실에서 전화가 와서 알게 되었다고 해서 인연을 맺기 시작한 거 같습니다.

이형로　　저는 뭐, 처음 뵈었을 때 저쪽 한쪽 구석에 잠바 차림으로 있는 것이 '영, 힘이 되겠나?' 하는 그런 마음을 가졌는데, 대화도 해보고 이래보니까 진짜 우리가 사람을 잘 만났구나. 문재인 변호사는 양복 착 입고 있는데, 항시 노무현 변호사는 잠바 차림으로 이래 있고 만나서 이야기도 해보니까 진짜로 진짜를 만났다고 봤어요. 서울로 다니면서 국회의원 찾아가서 부탁을 해봐도 외면하고 그랬는데….

김석동   저희가 찾아갔을 때 변호사님이 종기가 나가지고 목을 못 움직이시더라고요. 요래가지고 [상체를 돌리며] 요래 돌아보시고. [웃음] 우리가 또 생각하기로는 변호사님 하면 좀 근엄하고 연세도 많이 들고 그런 줄 알고 찾아갔는데, 참 젊으신 분이 목에 또 종기도 나고 해가지고 보기에는 실망시러워서 저 혼자 많이 웃었는데, 대화를 시작해보니까 참 전문 변호사님답게, 또 거기에 노동문제만 전문적으로 상담하는 직원이 따로 있었어요. 하동삼 씨라고 있었고 송병곤 씨라는 분이 있었고 그분들하고 우리가 있었던 일을 전부 의논했지요.

《여보, 나좀 도와줘》에도 선생님들 얘기*가 나오는데요, 보안대**로 끌려가 탄압받는.

조준식   제가 초대 위원장이 돼서 처음에 교섭을 하기 위해서 사용자들과 대화를 시도했는데, 만나주지를 않고 회피하고 노동조합을

● 《여보, 나좀 도와줘》에는 세일교통노조 설립으로 보안대의 탄압과 해고를 겪은 조준식이 조합장으로 복직되는 이야기가 나온다(222~223쪽).

●● 국군보안사령부(현 국군기무사령부)는 국방부 직할 수사정보기관으로 지역별로 보안대를 뒀다. 군사에 관한 첩보 수집과 대간첩·대테러 작전 지원, 군 범죄수사 등을 담당하지만 당시에는 이처럼 민간을 사찰·감시하고 개입하는 공안기관이었다

상당히 얕잡아 보는 그런 경향이 있어가지고 한 2년여 동안 어려움을 겪었습니다. 그래도 물러서지 않고 사용자에게 요구를 많이 했드만, 수단과 방법을 가리지 않고 탄압을 하기 시작했습니다. 결국 우리 세 사람이 먼저 희생타로 해고되고 저는 보안대에 끌려가게 된 동기가 됐습니다. 대통령님 찾아가게 된 계기이기도 했는데요, 보안대로 잡혀가서 세 번째인지 네 번째인 매를 맞고 엎드려 있던 시기였거든요. 그때 얼마나 겁을 먹었던지 집에서 전화기 코드를 빼가지고 그 전화기를 품고 엎드려 있을 때 [이형로 씨를 가리키며] 이 친구가 와가지고 '아이고 겁먹었네' 이러면서 걱정할 정도로 생명의 위협을 느꼈습니다.

이형로　　그날 나도 해고됐다, 아이가. 보안대 가서 완전히 식겁을 하고 난 이후에 해고를 다 시켰어요. 나도 그랬고.

조준식　　적극 가담자들을 전부 뿌리째 뽑아낸다는 그런 이야기였죠. 여기 거제 보안대장이 중심이 되고 마산 쪽에서 두 사람이 파견을 나와 가지고 세 사람이 움직입디다. 새벽에 제가 보안대에 잡혀갈 때, 아마 네 번째인지 다섯 번째인지 모르겠는데 또 두 사람이 와서 저희 집에 노크를 해요. '나 알겠어?' 이러더니 '너 이 새끼야, 기관모독죄로 오늘 연행이야' 하데요. 순순히 따라가긴 했지만 그때부터는 제가 자신감을 좀 가졌습니다. 왜 가졌냐 하면 김영식 신부님하고 노무현 변호사 두 분이 저를 도와주기 때문에, 그때까지 받았던 모든 탄압을 정리해서 이미 그 두 분께 기록을 드렸어요. 저는 허

수아비처럼 행동했습니다. '죽일라면 죽이세요. 저는 허깨비입니다. 제가 지금까지 받았던 탄압을 전부 정리를 해서 변호사한테 다 가 있습니다. 그 내용을 가지고 아마 크게 한번 싸움을 할라 그럽디다. 저는 이미 죽기를 각오했습니다.' 이렇게 했더니만 보안대 요원들이 저를 데리고 김영식 신부님한테 가는 겁니다, 연행된 그날. 가서 기록을 좀 달라고 하니까 '없습니다. 노무현 변호사가 가지고 있습니다' 이래서 또 보안대 차를 타고 대통령님 변호사 사무실 앞에 갔는데 자기네들은 안 들어가더라고요. 가서 기록만 가지고 오래요. 안 그러면 바로 연행한다고. 그 옆에 다방에 있을 테니까 가지고 오라고, 그래서 혼자 사무실에 들어가니까 변호사님이 기다리고 계시더라고요. 그때 이 두 친구들이 아침에 내가 연락이 없으니까 수소문을 해보고 변호사 사무실에다가 이야기를 하고 나서 버스를 타고 오고 있는 중이었어요. '자료를 안 줄라고 그런다고 이야기를 하고 다방에 있어라. 그럼 내가 곧 따라 올라갈게.' 이렇게 변호사님하고 약속을 하고 다시 다방으로 갔어요. 가니까 '받아 왔어?' 하길래 '안 줄라고 그럽디다' 그러니까 '이 새끼 이거 큰일 날 놈이네' 하고 또 공갈 협박을 하는 겁니다. 거기서 한참 횡포를 부리고 있는 순간에 대통령님이 '아, 오늘 이 집에 손님 많네요' 하고 다방 마담하고 인사를 하면서 쓰윽 들어오시데요. 저하고 눈이 마주쳐서 인사를 꾸벅하니까 '(보안대 요원들) 아직 안 갔습니까?' 이러시더라고요. 제가 '네' 하고 앉으니까 요원들이 '저분이 노무현 변호사야?' 묻길래 '그렇습니다' 했더니, 숙의를 하드만은 만나야 되겠다고 해서 변호사님이랑 자리를 합석했습니다. 변호사님이 '제가 자료를 지금 안기부에다가, 친구한테 보관을 해놔서 없어서 못 드렸습니다' 그래요. 요원들이 '줄 수 없겠느냐'고 해도 '내가 한번 알아보겠습니다' 하고 마니까 저한테 다시 보안대를 가자고 하데요, 마산 쪽으로. 그러니까 대통령님이 '조준식을 데려가려면 기록을 드릴 수가 없습니다' 이러셨죠. 요원들은 또 숙의를 하드만 '그러면 내일 다시 뵙겠습니다' 그러고 떠났습니다. 요원들이 떠나고 조금 있으니까 이 친구 둘이서 부산까지 올라왔어요. 차를 한잔 나누고 있는데 대통령님이 '오늘 저녁에는 거제로 안 가면 좋겠다' 말씀하시데요. 그래서 셋이서 여관에 앉아 있었는데, 보안대에서 김석동 이 친구한테 여관까지 전화가 와가지고 당장에 올라오라고. 모든 전화기가 다 도청되는 거 같은 느낌이 들었어요. 참, 지금 생각해도 상당히 떨렸고 그때 당시에는 눈물이 나서 이런 이야기를 할 수가 없었습니다.

김석동 조준식 위원장은 변호사님이 보안대에 잡혀가서 탄압받은 거 경위서 써라 하니까네 거기서 얼마나 곤욕을 치렀는지 겁을 먹고 못 써요. 써놓고서도 도장 안 찍어주고. 그래 [이형로 씨를 가리키며] 저 사람하고 내하고 따라다니면서 하두 얘기를 하니까 할 수 없이 써줬어요.

이형로 니 끌려가면 나는 차 밑에 타이어 밑에 들어가 누워버릴 테니까, 죽어도 같이 죽고 살아도 같이 살자고 했더니 마음에 동요가 좀 된 거지요. 그때는 정말 어디를 가도 쫓아왔어요. 거제성당에 신부님한테 가서 냉방에서 누워 자고 새벽에 목욕하러 나왔드만 거기도 또 보안대가 있었고.

조준식　　저희 집에는 보안대가 총을 메고 보초를 서고 있었어요.

김석동　　우리가 변호사님한테 경위서를 써다 드리고 문제가 확산되니까 보안대에서도 다급한 거지. 그러니까 우리 세 사람을 잡을라고 끝까지 따라다니는 거예요.

조준식　　저는 생명의 위협을 느끼고 있을 정도니까, 잘못하면 더 확대될까 싶은 마음도 있었고. 그런 속에서 보안대에 협박을 받아가지고 회사에 사직서를 쓴 거까지도 기록으로 올리니까 대통령님이 '이거 무효다. 노동위원회에 무효 소송*을 내자' 했어요. 해도 될까 많이 망설이는데 이 친구들이 '죽어도 고(go)다, 가자' 이래서 해고무효 소송을 다시 신청하게 된 겁니다. 신청서에 노무현 법률사무소 빨간 인쇄물이 든 내용을 정리해가지고 노동위원회에 제출했거든요. 나중에 노동위원회에서 부르더니 '이거는 우리가 할 수가 없습니다'. 그때는 제가 간이 좀 많이 커졌어요, 자신감도 생기고. '왜 못 합니까? 해주세요. 저는 원직 복직이 되어야 됩니다' 이렇게 주장을 했습니다. 그러니까 보안대에서는 마무리가 안 되니까 자기들도 당황하는 겁니다. 노동위원회에서는 보안사하고 나하고 서로 맞대서 질문

---

* 《여보, 나좀 도와줘》에는 마산 노동청에 부당노동행위 구제 신청을 했다는 내용이 나온다(223쪽).

소   장

원 고   이   형   노

　　　　　경남 충무시 무전동 218번지

　　　　　원고소송대리인 변호사   노   무   현, 최상은

피 고   세일교통자동차주식회사

　　　　　경남 거제군 신현읍 고현리17번지의 1

　　　　　대표이사   강   세   환

해고무효확인

청 구 취 지

1.   피고가 1985.   11.   11. 원고에게 행한 해고는 무효임을
　　　확인한다.

2.   피고는 원고에게 매월 15일 금 355,675원을 지급하라.

3.   피고는 원고에게 금 1,000,000원 및 이에 대한 1985.   11.   11.
　　　부터 본소장 부본 송달일까지는 연 5푼,

부산시 서구 부민동 2가 10번지의 19   변호사 노무현 법률사무소   전화 26-3137번
　　　　　　　　　　　　　　　　　　　　　　　　　　　　　　　25-5511번

[사료번호 32043]

구술자인 세일교통노조 이형로에 대한 노무현의 해고무효 소송 자료.

1985년 12월로 되어있다.

을 해야 되는데 엄청 복잡하게 엉클어진 꼴이죠, 부담스럽고. 그런 속에서 참, 우리가 버텨온 게 지금까지 보람으로 삼고 있습니다. 당시에는 매일같이 우리가 배를 타고 변호사님을 만나러 가고 그랬거든요. 조그만 일만 있어도 가서 의논을 하고.

이형로 자주 갈 수밖에 없는 게 저도 임금청구 소송하고 마산지방법원에 해고무효 소송하고 두 군데 써넣어 가지고, 또 노동위원회에도 인자 해고무효 소송 들어가고 하다 보니까, 왔다 갔다 거의 2~3일마다 다 올라갔어요.

조준식 고맙고 너무 감사한 게 그때 최도술 씨가 사무장을 하고 계셨는데, 법원에 가실 시간인데 준비를 하는 도중에 저희가 가면 '사무장, 오늘 재판 연기를 해주세요' 그러고는 저희하고 같이 있는 겁니다. 이런저런 이야기를 하시면서. '나는 고무공장 여공들하고 (같이 소송을) 하면 다 되어가면 고비를 못 넘기고 그만두고 시집을 가버리고 이래가지고 안타까웠는데, 거제는 하면 참 재미가 있다'고, 이렇게 말씀하시더라고요. 그래서 저희한테 자신감도 생겼는데, 그런 와중에 거제 대우조선 노동자들한테 노동법 개요에 대해서 강의를 한번 하고 싶다고 말씀하시더라고요.* 그래서 '알겠습니다. 한번 준비를 해보겠습니다' 하고 거제로 내려와서 준비를 해보니까, 경찰서에서 집회 허가를 안 내주는 겁니다. 이래서 저희가 김영식 신부님한

● 앞선 구술자 장상훈의 구술에도 같은 이야기가 나온다.

테 말씀을 드렸습니다. '노무현 변호사님이 거제에서 노동법 개요를 한번 강의하려고 하는데 저희 힘으로는 도저히 할 길이 없습니다'라고 말씀드리니까, 사제단 회의에 가가지고 의논을 해보겠다고 하시데요. 그러시더만 그 뒤에 거제 장승포성당에서 강연회를 하자고 말씀하시데요. '집회 허가는 어떻게 됩니까?' 하니까 '그냥 하면 됩니다' 이래서 하게 됐는데, 성당 앞에 전경이 한 200명 모여가 있는데 그 속을 뚫고 한 200여 명이 강연을 들으러 온 겁니다. 대우조선 노동자하고 삼성조선도 있었는지 없었는지 모르겠는데, 한 200명 속에 정말 훌륭한 분들이 와가지고 강연을 하게 되었지요. 원래 약속은 한 시간 반 정도 강연을 하게 되었는데, 두 시간이 지나도 끝이 안나요. 그래서 제가 뒤에서 '타임'이라고 손을 드니까 고개만 끄덕끄덕하시드만 두 시간 반 동안 강연을 하시는 겁니다. 그러면서 인자 저녁에 노동조합에 관심 있는 우리 대우조선 근로자들하고 모여가지고 대담도 하고.

이형로   대우조선은 노동조합을 설립하기 위해서 강연 많이 들으러 갔고 우리 노동조합에서도 7~8명 갔을 겁니다. 대통령님이 강연을 진짜 재밌게 잘했어요. 대우 노동자들은 깜빡 넘어갔지예. 그 이후에 한 2~3개월 있었나? 대우에 노동조합 설립된 게?

조준식   한 1년 가까이 갔어요. 인제 대우조선에도 노동조합 자체를 이해하고 법 공부를 하는 노동자들이 없잖습니까? 그래서 노동법 개요를 설명을 듣고 별도로 장상훈 씨하고 또 문성현 씨 쪽하고

라인을 해가지고 서로 합숙도 좀 하고 노동자세력화가 진행된 겁니다. 그런 와중에 이석규 열사사건이 있었고 이래가지고 거제 지역이 노동조합의 필요성을 느끼고, 인제 붐이 일기 시작했습니다. 정확하니 기억은 안 나는데 87년 여름 정도에 설립*된 거 같습니다.

당시 변호사로서 운수노조로는 세일교통노조를 처음 맡으신 거 같은데요, 특별히 더 기억나는 게 있으신가요?

조준식 　특이하다고 느낀 거보다는 자주 뵙다 보니까 대통령님이 저희에게 생명의 은인이고 신처럼 보인 겁니다. 그래서 어떤 말씀을 하시더라도 진리처럼 받아들이는 거지요. 말씀을 하시면 그걸 그대로 머릿속에 다 담았습니다. 그렇게 행동으로 옮기고 명령만 기다릴 정도로 가게 된 겁니다.

김석동 　변호사님께서 특히 세일교통에 관심을 참 많이 가지셨어요. 왜 많이 가졌냐면 진짜 운수업계가 이렇게 탄압을 많이 당하고 착취를 많이 당하고 그렇게 하는데, 진짜 순수하게 노동자가 배가 고파서 노동운동을 한다는 것, 그 자체를 가지고 관심을 많이 가지셨어요.

● 대우조선노조는 어용시비 등 진통을 겪으며 1987년 8월 11일에 결성됐다. 결성 직후인 8월 22일, 옥포 시위 도중 노동자 이석규가 최루탄에 맞아 사망하는 사건이 벌어졌다.

조준식　저희가 가면 꼭 점심을 사주시더라고요. 변론도 다 미뤄버리고 저희하고 이야기하고 또 연말이 되니까 망년회도 시켜주시는데, '변호사님 이래 노동자들 쳐다보고 무료 변론하시고 그러면 변호사 사업이 안 어렵습니까?' 이러니까 '참, 옛날에는 내가 부산에서 변호사 랭킹 1~2위를 했는데 요즘에는 완전 꽁지'라고 말씀하시데요. 저희로서는 참 미안하고 고맙고 했지요.

이형로　덕분에 우리 세 사람 다 원직 복직도 됐잖아요. 똑같이 되었어요.

조준식　제가 보안대에서 사직서 쓰고 노동위원회에다가 구제 신청을 하니까, 보안사하고 세일교통 사장하고 이제 변호사님 만나러 가는 겁니다. 변호사님이 '몇 시까지 안 오면 약속이 있어서 못 만나겠습니다' 그렇게 말씀하시니까, 자기들이 여객선을 구해다가 부산으로 가서 합의하기 시작한 겁니다. 그래서 저는 모양을 갖춘다고 원직 복직하고, 김석동이는 집이 원래 진주여서 진주 계열사에 근무하기로 하고, 세 사람이 모이면 시끄러우니까 이형로는 월급을 줄 테니 1년간 집에서 대기를 해라, 이렇게 내부적으로 합의가 된 겁니다. 보안사에서 더 이상 시간을 끌 수 없을 정도로 저희도 세력화가 됐다고 보는 게, 신부님하고 대통령님이 도와주시니까 자기네들도 힘이 빠지는 거죠. 결국 '안 되겠다 합의를 합시다' 이렇게.

이형로　구제 신청하고 재판도 전부 다 종결시켜버리고.

조준식　자기들이 감당을 못 할 정도로 확대되어버린 거지요. 법률

사무소 용지에다가 구제 신청을 해놓고, 대통령님이 노동법에 대해서는 최고 박사 아닙니까? 그런 분하고 앉아서 대화를 할라고 하니까 대화가 안 되지 않습니까? 그래서 포기를 하고 일단 노조조직을 약화시키는 방향으로 간 거 같아요.

선생님들도 감회가 크셨겠습니다.

조준식 제가 보안대 끌려갔을 때 너무 매 맞기가 싫고 아파가지고 한 차례 맞고 그냥 쓰러졌습니다. 그러니까 '어, 이 새끼 봐. 이 새끼 숨 떨어지면 교통사고 처리해' 하더라고요. '아, 이런 데구나.' 그래도 더 안 맞을라고 그냥 엎드려 있었습니다. 한참 있다가 눈을 뜨니까 그 뒤로는 안 때리더라고요. 내가 진짜 좌경용공이면 좌경용공에 대한 조사가 이루어져야 하는데 '세일교통 가서 무슨 이야기했어? 왜 이 새끼 공갈을 쳐' 이런 식이니까, 저도 '아, 이건 조작이구나. 세일교통에서 사주받고 하는 행위구나' 이런 의혹을 조금씩 가질 수밖에 없었어요. 거기다가, 풀려나도 이 사람들이 그림자처럼 저를 따라다니는 겁니다. 내가 거제에 없으면 금방 부산 쪽으로 달려올 정도로 정보망이 잘되는 거지요. 민간인 사찰은 원래 안기부가 하는 건데 보안대가 하고 있으니까, 안기부는 안기부대로 나를 찾아와서 어떻게 된 거냐고 자꾸 묻고…. 이러다 보니까 정신적으로 제가 받은 고

통이 상당히 컸습니다. 그랬는데 대통령님 말씀을 듣고 자신감을 얻고 난 이후에 모든 것이 우리 페이스(pace)대로 오게 된 겁니다. 노사관계가 원만히 되고 다시 원직 복직하고 난 다음부터는 태평성대가 왔다고 할까요. 보안사에서 대통령님 사무실에 찾아와서 대화한 내용을 보니까, 원직 복직 합의서를 써 가지고 왔더라고요. 보통 합의가 잘 안 되는 내용인데 합의를 잘 만들어가시는, 그런 기술적인 게 남들보다 많이 앞선다고 보면 될 거 같고. 아무튼 저희한테는 신적인 그런 분이라고 생각하면 되겠습니다. 그 사람들 가고 난 뒤에 우리가 도착하니까 합의서를 주시더라고요. 받아들고 합의서에 정확하게 도장을 찍어가지고 원직 복직이라는 거 도장을 받았지요.

이런저런 이야기를 많이 나누셨다고 하는데 '정치할 생각은 없으시냐'고 물어본 적도 있다고요?

조준식 쉽지 않은 일을 하시니까 혹시 인기를 가지고 정치에 참여하시려고 하나, 그런 생각도 좀 들었어요. 그래서 언젠가 '변호사님, 혹시 정치에 입문하실 의향은 없으십니까?' 물었더니만 '정치 속으로, 흙탕물에 들어갈 이유는 없다. 면 서기도 하기 싫다'고 말씀하시더라고요. 그러더니 어느 날 출마하신다는 소식을 접한 거지요. '우리도 가자, 밀자' 이렇게 된 거지.

김석동　정치에 입문하실 때 말도 많았잖아요. 거제 지역뿐이 아니고 마산, 창원, 진주 전부 다 반대했죠. 이쪽에서 따르는 분들은 지금까지 재야운동권에 있다가 기득권에 들어가서 변질되는 사람이 많더라, 그래서 반대를 많이 했는데요. 변호사님께서는 '지켜봐 줘라. 절대 변하지 않는다'. 결국 약속을 지키셨죠.

선거 때도 운전하시는 분이 많이 도와주셨죠, 세일교통도 마찬가지고요.

조준식　처음 출마하실 때 저희가 유세장을 인원 동원해가지고 가서 응원도 하고, 연고지에 다니면서 누구 좀 찍어달라고 부탁도 하고, 우리 대통령님이 움직이는 곳에는 저희도 과감하게 가서 참여를 했던 겁니다. 나중에 두 번째 낙선하실 때도 저희가 가서 또 열심히 했는데, 그 이후에 통영에 한 번 오셨더라고요. 생선회를 한 사발 시켜가지고 여사님하고 같이 앉아 먹으면서, 그때 저는 시의원의 직책을 가지고 있었고 대통령님은 의원을 그만뒀으니까 '내가 이제 뭐라고 불러야 되지?' 이러면서, 너무 소박하고 편안하게 말씀을 하시는 겁니다. 그렇게 한 번씩 만나 뵙고 거제도 오신다는 소문을 들으면 찾아가고, 저희가. 그 이후에는 부산 쪽에 가서 찾아뵐 일이 별로 없었어요. 대통령 출마하실 때, 경선 과정 전에 오셨을 때, 제가 수행을 했는데 이형로·김석동이 말씀을 또 하시더라고요. 서로 지역이 멀리 있다 보니까 왕래는 어려웠지만 거제에 대한 애착을 상당히 많이 가지고 계셨던 걸로 기억이 됩니다.

'1987년 대우조선노조 결성과 이석규 장례투쟁'이란

1987년의 6월항쟁은 6·29선언으로 일단락되었지만, 7월부터 노동자대투쟁이 전국적으로 일어났다. 경남 거제 옥포의 대우조선 노동자들은 전 직원의 50퍼센트가 넘는 대량해고와 장기 임금동결이라는 사 측의 조치에 저항해, 그해 8월부터 노동조합 결성을 본격 추진한다. 회사 측은 이를 막기 위해 폭력적인 방해 공작을 벌였으며, 이후 설립된 노조와도 모든 협상을 거부하고 무기한 휴업을 통보했다. 성실한 협상과 임금인상을 요구하는 5,000여 명의 노동자가 8월 14일부터 길거리로 나와 시위를 시작했다. 전국에서 동원된 1,500여 명의 전투경찰은 이들을 향해 최루탄을 난사했다. 급기야 8월 22일, 당시 스물한 살이던 용접공 이석규가 경찰이 쏜 최루탄을 가슴에 맞고 사망하는 사건이 발생한다. 이석규의 사망 소식에 분노한 노동자들이 대우병원으로 모여들었고, 전태일의 모친인 이소선, 변호사 노무현·이상수 등 각계 인사들이 참여하는 장례준비위원회가 발족되었다. 노무현 변호사는 노동자들의 요청으로 장례준비위원회에 참여해 사인 진상 규명, 유족 보상, 노동자 임금협상 문제를 풀 수 있도록 도왔다. 처음 장례준비위원회는 유족들로부터 모든 권한을 위임받아 '전국민주노동자장'으로 장례를 치르고 광주망월동묘역(현 국립5·18민주묘지)을 장지로 정하였으나, 유족과 회사 측이 돌연 장례를 '가족장'으로 하고 남원 선산에 시신을 묻겠다고 주장하고 나섰다. 장례준비위원회 역시 장례식에 앞서 정부의 공식 사과와 피해 보상을 요구하면서 의견 대립이 깊어지던 중, 26일 밤 노조집행부가 회사 측과 기본급 인상 5,000원에 합의하고 장지를 남원으로 변경했다. 노동자들이 거세게 항의하자 집행부는 장례 당일인 28일 발표를 번복하고, 예정대로 영결식을 치렀다. 영구차와 노동자 1,500명이 탄 버스 28대가 운구 행렬을 이뤘다. 운구 행렬은 노동자와 지역 주민 2만여 명의 애도를 뒤로하고 오후 3시쯤 광주로 향했다. 고성삼거리를 지날 무렵 이들을 기다린 것은 도로를 막아선 15톤 덤프트럭이었다. 주변 야산에 잠복하던 2,500여 명의 전경과 백골단이 튀어나와 노동자들을 구타하고 재야인사들을 강제 연행했다(이들은 탈취한 시신을 밤 9시경 폭우 속에서 남원에 매장했다). 이날 저녁 6시를 기해 전국에서 개최될 예정이던 '고 이석규 민주노동열사추모대회'는 5만여 경찰 병력에 의해 원천 봉쇄됐다. 전두환정권은 933명을 연행하고, 64명을 구속했으며, 이소선 등 열 명을 수배 조치했다. 이후 노동자투쟁에 대한 대대적인 탄압 국면이 전개됐다.

한편 부산지검은 9월 2일 노 변호사를 장례 방해, 제3자 개입금지와 집회 및 시위에 관한 법률 위반 혐의로 구속시켰다. 노 변호사의 구속에 대해 부산지방변호사회, 대한변호사협회(대한변협), 인권옹호위원회 등에서 곧바로 반발했고 진상조사에 착수했다. 이어 9월 21일 부산지방변호사회 소속 변호사를 비롯, 서울의 고 조영래, 박원순 변호사 등이 참여한 91명의 변호인단이 부산지법에 구속적부심사청구서를 제출했다. 법원은 9월 24일 구속적부심에서 노 변호사의 석방을 결정했으나 재판은 계속됐고, 법무부는 11월 변호사 자격을 정지시켰다. 노 변호사는 이듬해인 1988년 2월 22일, 결국 100만 원의 벌금형을 선고받았다. 이날 판결까지 재판에 참여한 변호인단은 서울의 한승헌, 이돈명 변호사 등을 포함해 총 99명이었다.

[사료번호 32037]
대우조선사건과 관련, 노무현이 대학 노트에 자필로 쓴 스물두 장 분량의
〈고 이석규 장례관계 사건일지〉.

영장에 기재된
소위 범죄사실 이라는데 대하는 나의 항변

장례식을 방해·하거나 노동 쟁쟁을 조종·선동한
사실이 있는가

○ 전혀 그런 사실 없다.
영장까지 범죄 사실은 전부 날조된 것이다.
뿐만 아니라 ~~~~~~ 노사 분쟁과정,
사망의 경위, 장례식 진행과정 등 전반에 배경에서
부수적인 상황에 이르기까지 철저히 왜곡 날조 되어 있다.

○ 목도로 간 이유는 무엇인가.
● 첫째로 대우조선 노동쟁의에서 사망사건, 장례진행 등에 관하여
축민으로 등 보의 노선을 정립하는데 연락을 받았다.
● 둘째: 과거 노동쟁의나 연락 역사의 발산 사건에서 경찰이 시체를
탈취하고 선례에 여러번 있었음을 들고, 공권력에 의하여
축민이 사망한 경우 진상보도에, 각자 ~~ 사회운동
~~~ 하거나 ~~ 이와같은 사태를 막기 위하여
~~~ 반도로 선례가 ~~ 있었기 때문에, 민간단체
에서 진상조사에 나선 필요가 있었다.

○ 이에 ~: 조사결과 과잉진압에서의한 피해이거나, 거리 고인에
가까운 사이 됐기라 한 경우, 이들 축민에게
널리 알리고, ~~~~ 장례나 축고행사를 통하여
강례가 진행해야 할 일이 ~~ ~~~ 다,
그런데 그와 같은 일이 하나로 기득자면 장례나
제반 방식 등이 진상의 폭로나 범죄사실 규탄의
뜻을 담기에 적합한 것이며 하면로 조사결과나
~~~ 장례진행에 관하여 유족과 노동조합에게

—67—

KEUN MOON

[사료번호 32038]
대우조선사건과 관련, 노무현이 대학 노트에 자필로 쓴 열다섯 장 분량의
〈영장에 기재된 소위 범죄 사실에 대한 나의 항변〉.

[사료번호 42732]

가슴에 33번이 새겨진 수의를 입고 있는 노무현의 사진.

1988년 4월 첫 선거를 앞두고 제작한

통일민주당 동구지구당 창당대회 팸플릿 표지에 실려 있다.

大宇造船분규 개입혐의

盧武鉉변호사 拘束

【釜山=趙成振기자】釜山지검공안부는 3일 대우조선노사분규와 고李錫圭씨 장례식 등에 개입한 민주헌법쟁취국민운동釜山본부 집행위원장 盧武鉉씨(42·변호사)를 노동쟁의조정법과 장례식방해등 혐의로 구속했다.

검찰에 따르면 盧씨는 지 남2월7일 朴鍾哲군 추모제 때의 시위에 적극 개입했으며 李錫圭씨 장례기간동안에도 시위군중을조종한혐의다.

1987년 9월 대우조선 노사분규와 관련,
변호사 노무현의 구속 소식을 보도한 1987년 9월 3일자 〈동아일보〉 기사.

내가 걸어온 길

이 글은 노무현이 1988년 4월 19일에 〈내가 걸어온 길〉이라는 제목으로 직접 쓴 글이다. 4월 26일 제13대 총선을 일주일 앞둔 때였다. 노무현은 출사표를 대신한 이 글에서 자신이 삶의 좌표를 전환한 계기와 이유를 정리했다. 선거 홍보자료집《오! 민주여, 사람 사는 세상이여!》에도 실려 있다.

우리 또래의 사람들 대부분이 그렇듯이 나의 어린 시절도 무척이나 가난했다. 우린 정말 허리띠를 졸라매며 살아야 했다. 한 학급에서 나 혼자만 필통을 사지 못해 누님에게서 물려받은 헌 필통을 새 필통과 바꾸자고 옆의 친구들을 꾀다가 급우들로부터 망신당했던 일, 크레용을 사지 못해 미술 시간마다 꿀밤을 맞으며 꾸중 듣던 일, 사친회비를 못 내어 한 달에 한두 번은 꼬박꼬박 집으로 쫓겨 오던 일, 고등학교 3년간 한 푼이라도 싼 곳을 찾아 하숙, 자취, 가정교사, 회사 숙직실 등을 전전하던 일 등 지내놓고 보면 젊은 시절의 아름다운 추억으로 간직되지만, 당시는 왜 그렇게도 서럽고 괴로웠던지 눈물로 입을 악다문 것이 한두 번이 아니다.

　그중에서도 가장 생생하게 기억되는 것은 고등학교 3학년 시절, 잘 곳이 없어 초겨울 어느 날 학교 교실에서 이틀을 잤던 일이다. 밤 새껏 이를 악물고 얼마나 떨었던지, 다음 날 이빨이 아파 온종일 밥을 한 숟갈도 먹을 수가 없었다. 이런 고생과 설움 속에서 나는 이담에 커서 출세를 하면 그 지긋지긋한 고생을 벗어나 설움도 갚고 나처럼 고생하며 사는 사람을 도와주리라 다짐하곤 했다. 그러나 막상 판사가 되고 변호사가 되고 보니 세상이 다르게 보였다. 돈 걱정 따위 안 해도 되고 알아주는 사람 많고 굽실거리는 사람도 많아, 편한 대로 생각하면 정말 살맛이 나는 생활이었다. 그러다 보니 출세해서 가난하고 힘없는 사람들을 도와주겠다던 어린 시절의 꿈은 온데간데없이 사라져버렸다.

　사실 변호사란 직업은 가난하고 못 배운 사람들에게는 있으나 없으나 매일반이었다. 돈 없이는 변호사를 이용할 방법이 없다 보니, 변호사는 돈 있는 사람 편에 서서 없는 사람들을 괴롭히는 결과가 왕왕 생기게 마련이다.

　이 같은 일상적인 변호사란 직업에 대해 양심의 갈등 같은 것이 일어나지 않은 것이 아니었으나, 우선 가까운 부모 형제들을 돌보아야 하고, 장차 노후를 위해 부동산 따위도 좀 사두어야 하고, 시골에 농장이나 별장 하나쯤 장만해보고 싶은 생각이 굴뚝같아 양심 같은 건 거추장스런 것으로 여겨졌다. 우선 나부터 살고 보자는 심사였으니, 뒷간 갈 때 생각 다르고 나올 때 생각 다르다는 경우가 바로 내 경우를 두고 하는 말이었다.

해마다 입시 철이 되면 무슨 무슨 수석 합격자가 나와서 장래 법관이 되어 가난하고 힘없는 사람을 위해 일하겠다거나, 의사가 되어 헐벗고 고통받는 사람들을 위해 헌신하겠다고 자기 포부를 말하는 것을 들을 때마다 나는 혼자 쓴웃음을 짓곤 했다. 지금 판사, 검사, 변호사, 의사 노릇을 하는 사람들 중 어느 누구도 과거에 그런 포부를 말해본 경험이 없는 사람은 없으리라 생각해보면, 나 혼자의 쓴웃음은 일종의 양심적 죄책감에 대한 자조적인 웃음이었다고나 할까.

아무튼 나는 자기 직업에 충실하기만 하면 그것이 바로 우리 사회에 올바르게 이바지하는 것이라는 반어거지적 자기 합리화를 방패 삼아, 오로지 나만을 위한 이기적인 삶을 즐기는 데에 여념이 없었다.

그런데 1981년 소위 부림사건(1981년 7월 부산에서 민주화운동을 하던 청년 20여 명이 《역사란 무엇인가》《전환시대의 논리》 등 사회과학서적을 탐독했다 하여, 최고 57일간 대공분실에서 불법 감금되어 고문에 의해 좌경용공으로 조작된 사건)의 재판을 맡고서부터 내 이기적인 삶의 껍질이 균열되기 시작했다. 대공분실에 끌려가 무려 57일간이나 가족들에게 아무 연락도 못 하고 짐승처럼 지내야 했던 청년들, 매를 얼마나 맞았던지 온몸에 시퍼렇게 멍이 들고 발톱이 새까맣게 죽어버린 몸을 내보이면서도 얼마나 고문에 시달렸던지 변호사마저도 정보기관의 첩자가 아닌가 눈치를 살피던 파리한 몰골의 청년들, 그들의 모습을 보면서 나의 죽었던 가슴은 서서히 분노가 끓어오르기 시작했다.

모진 고통 속에서도 눈빛만은 형형하게 빛나던 청년들, 어느 한 사람 예외 없이 학교 성적이 우수하고 부모님에게는 효성이 지극했던 모범적이고 성실한 청년들, 도대체 그들이 무슨 죄를 지었는가? 무슨 죽을죄를 지었길래 사람을 이 모양으로 만들어놓았단 말인가?

수십 일 동안 밀실(박종철 군이 고문을 당하다가 죽은 그런 방)에 가두어놓고 개돼지처럼 차고, 때리고, 물고문하면서 만들어놓은 조서의 내용으로 치부한다 하더라도 내 눈에 그들은 아무런 죄가 없었다.

하물며 조서란 조서는 모두 조작된 것이었다. 오로지 그들에게 죄가 있다면 그 청년들의 순수하게 불타던 이상이 죄였고, 순수한 이상을 가진 만큼 남과 달리 이웃을 진정으로 사랑하고 조국의 장래를 누구보다 걱정하면서 부정과 불의에 용감히 항거한 것이 죄일 뿐이었다.

그러나 현명하신(?) 재판장은 그들에게 유죄판결을 선고하고 3년, 5년, 7년씩 마구잡이로 감옥에 처넣었다. 같은 사건으로 따로 재판받은 한 사람은 무죄선고를 받았지만 그 후 항소심에서는 어처구니없게 유죄로 둔갑해버렸고, 그 1심에서 무죄를 선고했던 양심적인 판사는 진주로 쫓겨 갔다가 끝내는 법복을 벗고 말았다.

그 사건의 재판 기간 동안 나는 그 청년들을 자주 만나게 되었다.

처음에는 좋은 대학에 들어가 성적도 우수하여 남보다 나은 자리가 보장된 사람들이 왜 부모님의 간절한 소망마저 내팽개치고 자기 앞날을 스스로 망치는 그런 어리석은 일을 고집하는지 이해가 되지 않았으나, 그들과 여러 차례 대화를 나누는 동안 나는 차츰 그들의 삶을 존경하게 되었고 자신과 가족, 부모 형제끼리만 잘 먹고 잘살면 그만이지 이웃의 고통이나 권력의 부정부패, 불의 따윈 모른 체하는 것이 상팔자라고 체념하고 살던 나의 삶이 한없이 부끄러워지기 시작했다.

그때부터 나는 학생사건, 노동사건 등의 무료 변론에 적극적으로 나서는 한편, 가난하고 억울한 사람들의 일을 내 일처럼 도맡아 하게 되었다. 그러자 눈멀었던 나의 눈은 화려한 사회의 도처에 도사리고 있는 힘없고 가난한 사람의 희생과 고통을 똑똑하게 보게 되었고, 시간이 갈수록 그들의 아픔이 가슴에 전달되어오면서 어린 시절 나의 고통과 울분이 되살아나기 시작했다.

새벽부터 밤늦게까지 뼈 빠지게 일을 해도 겨우 입에 풀칠하기가 고작이고, 자식의 대학 진학은커녕 쓰러져가는 자기 집 한 채의 꿈도 가져볼 수 없는 이 땅의 무수한 헐벗은 사람들, 어디를 가도 사람대접 해주는 곳 없는 인생 핫바지들.

그러나 그들에 비하면 대낮에도 골프장에 나가 한 판에 200만 원짜리 내기 골프를 즐기면서 그 짓도 힘든 일이라고 사우나탕에 가서 몸 풀고, 저녁에는 수백만 원을 휴지처럼 뿌리는 술집에서 여자들을 옆에 끼고 희희낙락하며 농탕을 쳐도 사람들로부터 대우받고, 하루에 이자 수입만 5,000만 원이 넘는다고 거들먹거리며 으스대는 사람들, 어떤 사람은 단돈 2만1,000원을 훔쳤다고 쇠고랑을 차는데 어떤 사람은 수백억을 꿀꺽하고도 외국이나 들락거리면서 거드름을 피우는 세상, 이것이 어찌 사람 사는 세상이란 말인가?

이처럼 세상살이 공평치 못한 것은 사람이 잘나고 못나서 그런 것이 아니라 돈 많은 사람과 권력을 쥔 사람들이 힘없는 사람들을 빨아먹기 위해 한통속이 되어 법과 권력을 마음대로 주무르기 때문이라는 사실을 알고 나서부터, 나 혼자 하는 무료 변론 몇 건 따위는 정말 계란으로 바위 치기란 생각이 들어 깊은 절망에 빠지기도 했다.

무료 변론도 좋지만, 가난한 사람을 동정하는 것도 필요하지만, 무엇보다 중요한 것은 이처럼 우리 사회의 모순을 조장하고 있는 독재정권을 무너뜨리고 나라의 정치가 민주화되어야만, 정직하고 성실한 사람이 사람대접 받으며 사는 세상을 만들 수 있다는 생각이 나에게 용기를 주었다. 그리하여 나는 독재정권을 물리치는 일에 직접 나서지 않으면 안 된다는 결단을 하게 되었다.

그러나 그것은 정말 어려운 일이었다. 무료 변론 정도야 돈 좀 덜 벌고 시간 좀 더 내면 해결되는 일이었지만, 독재정권에 맞서서 민중의 편에 선다는 것은 언제 어디로 끌려가 병신이 될지, 언제 무슨 죄목을 뒤집어쓰고 쇠고랑을 찰지, 온갖 위험과 일신상의 불행을 각

오하지 않으면 안 되는 일이었기 때문이다. 뿐만 아니라 조그만 농
장이나 별장 하나쯤은 소유하고, 내 자식 놈만은 외국에 유학을 보
내 고등학교밖에 안 나온 우리 부부의 한을 풀어보겠다는 개인적인
희망조차도 모조리 포기해야 하는 일이었기 때문이다.

따라서 1982년부터 나는 하루하루 양심과 욕망 사이를 오락가
락하면서 갈등에 빠지지 않을 수 없었다. 그런 갈등 속에서도 나는
하나하나 주변을 정리하기 시작했다.

그때부터 요정이나 싸롱 등 고급 술집에 발을 끊고, 그렇게 좋아
하던 요트 타기도 그만두었다. 그때까지 술 먹고 놀고 친척 도와주
느라고 모아놓은 재산이 없었으므로 악착같이 아끼면서 돈을 모았
다. 그리고 사건의 수임 과정이나 처리 과정에서도 최대한 도덕적
기준을 지키려고 노력했고, 조그만 약점이 될 만한 일도 남기지 않
으려고 노력했다.

그러나 그렇게 준비는 하면서도 막상 무슨 일에 나서지는 못하
고 주저하고 있었는데, 1983년 감옥에 갔던 부림사건의 청년들이
출소하기 시작하면서부터 서서히 사람들이 모여들게 되었다. 그들
로부터 나에게도 반독재 민주화운동을 함께하자는 제의가 오기에
이르렀다. 나는 이들에게 사무실을 내주기도 하고 여러 가지 편의를
제공해주었다. 걸핏하면 경찰관들이 사무실 앞을 지키고 내 뒷조사
를 헤집고 다니는 흔적이 역력하게 드러나기 시작했다.

그 당시에도 망설임이 없던 것은 아니었으나, 그때 출소한 청년

한 사람을 내가 있는 변호사 사무실에 채용한 적이 있었는데, 정말 마음이 곱고 부지런하고 책임감 있게 일을 처리했다.

그 청년은 고문으로 건강이 매우 나빠 궂은 날이면 신경통으로 결근하기 일쑤였지만 그러면서도 자기 혼자 월급 받고 편하게 사는 것이 괴로운지 몹시 고민하는 모습을 옆에서 지켜보면서 나의 망설임은 하나씩 어떤 확신과 신념으로 바뀌어갔다.

당시 나는 그의 고통을 볼 때마다 초등학교 다니는 어린 자식 놈의 얼굴이 그 청년의 얼굴에 겹쳐졌다. 이 녀석이 장차 대학에 갔을 때 나는 무엇이라고 가르칠 것인가? 이 청년이 가고 있는 길을 똑같이 가라고 할 것인가, 아니면 모든 것을 못 본 체하고 어떻게든 높은 자리에 앉아 돈이나 벌며 편히 살라고 할 것인가? 양심이니 정의니 말은 하기 쉽지만 그것을 차마 내 사랑하는 자식에게까지 이 청년과 같은 고통을 감수하며 살라고 말할 수 있겠는가?

깊은 고민 끝에 결국 현재의 우리 애비 에미들이 앞장서서 장차 우리 자식들이 겪어야 할 고통을 대신하여 자식들에게 이 불의가 판치는 세상, 이 세상에서 겪어야 할 고통과 절망을 그대로 물려줘서는 안 된다는 생각이 나를 사로잡았다. 그리하여 나는 결단을 하기에 이르렀다.

1985년 봄부터 부산에서는 종교인, 지식인들이 모여 '부산민주시민협의회'를 만들어 반독재 민주화투쟁을 전개하기 시작했다. 나는 그 모임에 쾌히 참여했다.

그 이후 전두환정권의 최대 악법 중의 하나였던 학원안정법 결사반대투쟁, 2·12총선, 직선제 개헌을 위한 개헌현판식운동, 부천서 권인숙 양 성고문사건의 규탄, 박종철 군 고문치사사건의 궐기, 4·13호헌 반대투쟁, 우리 국민의 민주 승리인 6월항쟁을 치르기까지 강연·집회·시위·상담·변론 등 내 능력으로 할 수 있는 방법을 다 동원하여 투쟁했다.

그동안 '노동법률상담소'를 만들어 가난하고 억울한 사람들을 도와주려고 노력하기도 하면서, 1986년 9월 이후부터는 변호사로서 일상 업무인 사건 수임을 일체 중단하고 오로지 민주화운동에만 전념했다.

1987년 2월 7일 고 박종철 군 추모대회 때는 경찰에 연행되어 3일 동안 구속 영장이 세 번이나 청구되기도 했고, 1987년 6월 11일에는 6·10대회 건으로 다시 경찰에 끌려가기도 했다. 방귀가 잦으면 똥이 나온다더니, 마침내 1987년 9월에는 대우조선 이석규 노동열사의 장례식에 참가했다는 이유로 구속되었다가 20여 일만에 구속적부심으로 풀려났다.

그러다가 1987년 11월에는 변호사 업무 정지 명령까지 받게 되었다. 원래 1986년부터 사건 수임을 중단하고 있었으므로 업무 정지라 해도 먹고사는 문제와는 별 관계없는 일이었으나, 학생사건이나 노동사건의 변론에는 엄청난 타격이 아닐 수 없었다.

그러나 나는 조금도 후회하지 않는다. 한 시대의 획을 그은 6월 민주항쟁, 노태우의 6·29항복은 분명 우리 국민이 받아낸 민주투쟁의 승리였다. 그 항쟁 기간 '국민운동본부'는 시민항쟁의 정신적 구심점이었고, 나는 그 중심에서 야전사령관(1987년 6월항쟁 당시 국민운동 부산본부의 상임집행위원장) 노릇을 했다.

아내 몰래 호주머니를 몽땅 털어 유인물을 만들고 확성기를 사주고 밤을 새워가며 청년들과 작전 회의를 하고, 밤 2~3시 무렵 모두 수배된 몸이라 잠자리를 어디에서 찾아야 할지 몰라하는 청년들과 악수를 하고 헤어지면서 눈물을 흘린 적이 한두 번이 아니었다. 내가 그 자랑스런 역사의 현장에 뜨거운 동지들과 함께 있었다는 것은 내가 지금까지 받고 있는 박해를 보상하고도 남는 것이었다.

6월 18일, 그날은 수십만의 애국 부산 시민이 한데 엉켜 '독재 타도'를 합창하며 밤늦게까지 온 거리를 메웠던, 6월항쟁 중 가장 당당한 날이었다. 독재정권의 간담을 서늘하게 했던 부산 시민이 만든 위대한 6월 18일.

그날의 부산 시민은 정말 내 가슴에서 눈물을 쏟아놓게 했다. 그날은 '국민운동본부'도, 재야운동권도, 청년, 학생들도 모두 부산 시민들 속에 한 덩어리가 되어 녹아버렸다. 그날 나는 시민들의 대열 속에 파묻혀 눈물을 줄줄 흘리면서 청년들이 부르는 출정가 〈어머니〉를 힘차게 따라 불렀다.

이제 내가 왜 국회의원 선거에 나서게 되었는가를 말해야 할 때가 온 것 같다. 애석하게도 우리 국민은 지난 대통령 선거에서 야당의 분열 때문에, 아니 그보다는 더 근본적으로 전두환·노태우의 부정선거 때문에 군사독재에게 패배하고 말았다.

그런데 돈과 관권 그리고 보도기관을 장악하여 수단과 방법을 가리지 않고 부정을 저지른 노태우가 6·29선언은 마치 자신의 민주 신념인 양 떠벌리면서, 자기가 민주 시대를 몰고 온 것처럼 선전하고 있다. 그러나 그것은 처음부터 거짓말이요, 아직 우리 사회가 민주화 시대로 가기 위해서는 엄청난 어려움과 험난한 고비를 넘겨야 한다. 지금은 그야말로 민주로 위장된 군사독재가 반민주의 극을 달리는 가짜 민주화의 시대이다.

노태우는 과연 누구인가, 그를 둘러싸고 있는 인물들 그리고 이번 국회의원 후보자로 공천을 받은 민정당 사람들은 민주 인사들이 양심적인 발언을 했다는 이유만으로 수천 명이 감옥에 가고 매 맞아 죽을 때 무슨 일을 하던 사람들인가? 그런데 우리 국민은 너무 쉽게 노태우를 믿고 있다. 이에 설상가상으로 야당은 눈앞의 욕심에 눈이 멀어 총선을 앞두고 통합에 실패함으로써 국민을 실망시키고 있다.

이대로 가다가는 역사의 심판을 받아야 할 민족적 범죄자들에게 국회 의석의 3분의 2를 넘겨주는 비극이 올지도 모른다. 들리는 말에 의하면 노태우와 민정당은 이번 총선에서 절대 다수 의석을 차지

하면, 5년 후 대통령 간선제로 개헌하여 영구 집권을 음모하고 있다는 소문이 파다하게 퍼져 있는 실정이다.

그런데 재야는 재야대로 분열되어 힘이 없다. 다시 재야를 재건하여 반독재 민주화투쟁을 전개해야 하겠으나 당분간은 그 전열 정비에 시간이 걸릴 것으로 보인다. 그렇다고 속수무책으로 노태우와 민정당에 조국의 운명을 그대로 맡겨둘 수 없는 일은 아닌가? 이 절박한 상황에서 나는 지금 무엇을 해야 하는가?

어찌할 바를 모르고 있는데 마침 통일민주당에서 함께 싸워보자는 제의가 있었다. 어차피 나는 국민의 심판을 받아야 한다. 검찰은 나를 죄인으로 기소했고 법원은 유죄판결을 내렸다. 소위 6·29선언 이전에 있었던 집회와 시위의 주동자였다는 것이 나의 유죄 내용이었다. 6월 중에 구속되었던 사람들은 다 풀어놓고 나서 한참 후에 새삼 나만을 기소한 것은 보복적 조치 이외에 아무것도 아니다.

과연 내가 죄인인가? 나는 국민 앞에 나서서 내가 죄인이 아니라는 사실을 심판받고 싶었다. 6월의 거리를 가득 메우고 함께 싸웠던 부산 시민들의 심판을 받아보고 싶었던 것이다. 어떤 사람들은 지금까지 나의 민주화투쟁이 국회의원 한자리를 노린 것이라고 생각하는 사람도 없지는 않을 것 같다.

그러나 나는 그 말에 시인도 부인도 하고 싶지 않다. 다만 나는 지난 연말연시에도 달력이나 명함은커녕 카드 한 장 누구에게 보낸

일이 없다는 사실이다. 단 몇 사람의 명단도 지역구를 나누어 관리하고 있는 일도 없었다. 설사 국회의원을 해보고 싶은 욕망이 있었다고 하더라도, 평소 선거 자금을 모으고 사조직을 관리하거나 달력을 만들어 보내는 따위의 속임수로 되고 싶은 마음은 추호도 없다.

대신에 민주주의를 자기 한 몸 기꺼이 내던지는 투쟁을 통해 쟁취하고, 자기 이익을 위해 국민을 기만하지 않는 정직하고 공평하고 정의를 목숨처럼 존중하는 당당한 국민의 대변자로서 부끄럼 없는 그런 정치인이 되고 싶을 따름이다.

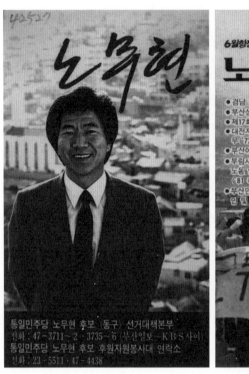
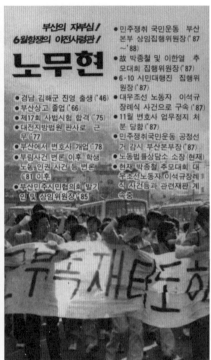

[사료번호 42527]

1988년 첫 선거 당시 노무현 후보 명함.

1978~1987
노무현
주요 연보

※ 해당 연도 노동 관련 사건 수임 사례는 노무현사료연구센터에서
수집·파악한 재판 자료를 반영하였습니다.

1978년

5월 5일 부산에서 변호사 사무실을 열다.

▲ 변호사 사무실.

1981년

1월 21일 〈부산일보〉에 법률상담 연재를 시작하다. 부산 미국문화원 방화사건 변론을 맡아 연재를 중단하는 1982년 6월 17일까지 계속하다.

▲ 〈부산일보〉 생활법률상담 안내.

1981년

9월 부림사건 변론을 맡다.

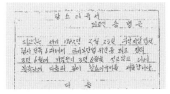

▲ 송병곤의 부림사건 항소이유서. ▲ 부림사건 구속자 가족들의 호소문.

● **1981년 노동 관련 사건 수임 사례**
- 연합철강공업주식회사 노동사건 변론(손해배상: 산재 사고)
- 주식회사금성사 노동사건 변론(손해배상: 산재 사고)
- 고려원양어업주식회사 노동사건 변론(손해배상: 산재 사고)

1982년

3월 20일 부산YMCA 시민중계실 무료법률상담을 시작하다.

3월 20일~21일 부산YMCA 시민중계실 1차 수련회에 참석해 근로
기준법과 임대주택 문제에 대해 강의하다.

5월 부산 미국문화원 방화사건의 공동
변호인단으로 참여하다.

9월 2일 문재인 변호사와 '노무현·문재인
합동법률사무소'를 열다.

▶ 1983년. 변호사 사무실에서 신고한 최초의 인감신고서.

● **1982년 노동 관련 사건 수임 사례**

- 주식회사세도빔보드 노동사건 **변론**(손해배상: 산재 사고)
- 주식회사동명팔프 노동사건 **변론**(손해배상: 산재 사고)
- 기린화학주식회사 노동사건 **변론**(손해배상: 산재 사고)

1984년

6월 1일 부림사건 피해자인 장상훈의 결혼식에서 생애 첫 주례를 맡다.

▲▶ 장상훈의 결혼식 피로연.

8월 부산 공해문제연구소 이사를 맡다.

9월 변호사 사무실에 노동법률상담소를 열고 울산·마산·창원·거제·구미공단 등을 다니며 노동운동 변론을 맡다.

● **1984년 노동 관련 사건 수임 사례**

- 주식회사천일고속 노동사건 **변론**(퇴직금 청구)
- 주식회사대아건설 노동사건 **변론**(손해배상: 산재 사고)
- 한국선박공업주식회사 노동사건 **변론**(손해배상: 산재 사고)
- 신영어업주식회사 노동사건 **변론**(손해배상: 산재 사고)
- 통일보일러주식회사 노동사건 **변론**(손해배상: 산재 사고)
- 신영어업주식회사 노동사건 **변론**(손해배상: 산재 사고)

5월 3일 부산YMCA 대강당에서 열린 부산민주시민협의회 창립 총회에 발기인으로 참석하다. 창립총회 도중 경찰의 난입에 항의하다가 고관파출소에 구금되다. 이후 부민협에서 상임위원에 위촉되어 노동문제분과를 맡다.

11월 25일 부산YMCA에서 열린 부산민주시민협의회 주최 '민주제 개헌을 향하여' 행사에서 '군사독재정권 종식을 위한 직선제 헌법 개정과 민주화 실천과제'를 주제로 강연하다.

▶ 부산민주시민협의회 주최 '민주제 개헌을 향하여' 행사 강연.

● **1985년 노동 관련 사건 수임 사례**
- 세화상사 노동사건 변론(해고무효)
- 동성버스자동차주식회사 노동사건 변론(해고무효)
- 삼도물산주식회사 노동사건 변론(해고무효)
- 동국제강주식회사 노동사건 변론(체납임금)
- 주식회사현대엔터프라이즈 노동사건 변론(체납임금)
- 삼성중공업주식회사 노동사건 변론(손해배상: 산재 사고)
- 주식회사국제상사 노동사건 변론(손해배상: 산재 사고)
- 영화철강공업주식회사 노동사건 변론(손해배상: 산재 사고)
- 주식회사성우금속 노동사건 변론(손해배상: 산재 사고)
- 광덕물산주식회사 노동사건 변론(손해배상: 산재 사고)
- 고월특수강주식회사 노동사건 변론(손해배상: 산재 사고)
- ㈜통일 노동사건 변론(노동쟁의 조정법 위반)
- 세일교통 노동사건 변론(해고무효)

2월 13일 부산기독교교회협의회인권위원회에서 감사패를 받다.

5월 민주사회를위한변호사모임의 모태가 된 정의실천법조인회 (정법회) 창립에 참여하다.

7월 부산YMCA 노동자교실 교장을 맡아 경남 거창 북상면 수승 대에서 열린 여름캠프에 참석하다.

▲ 부산YMCA의 노동자교실 수강생들과 기념 촬영하는 노무현.

8월 7일~9일 부산YMCA 시민중계실 상담원 여름수련회에 참석, 노동문제에 대해 강의하다.

● **1986년 노동 관련 사건 수임 사례**
- 동성버스자동차주식회사 노동사건 변론(해고무효)
- 삼성중공업 노동사건 변론(손해배상: 산재 사고)
- 주식회사대일실업 노동사건 변론(손해배상: 산재 사고)
- 주식회사대능건설 노동사건 변론(손해배상: 산재 사고)
- 한일시멘트공업주식회사 노동사건 변론(손해배상: 산재 사고)
- 광진실업주식회사 노동사건 변론(손해배상: 산재 사고)
- 선주통운주식회사 노동사건 변론(손해배상: 산재 사고)
- 삼호실업주식회사 노동사건 변론(손해배상: 산재 사고)

- 한국소니아금속 노동사건 **변론**(손해배상: 산재 사고)
- 삼호실업주식회사 노동사건 **변론**(손해배상: 산재 사고)
- 대우조선공업주식회사 노동사건 **변론**(손해배상: 산재 사고)
- 영화철강공업주식회사 노동사건 **변론**(손해배상: 산재 사고)
- 주식회사협신 노동사건 **변론**(손해배상: 산재 사고)
- 주식회사영동 노동사건 **변론**(손해배상: 산재 사고)
- 한미바인더공업주식회사 노동사건 **변론**(손해배상: 산재 사고)

1987년

2월 7일 부산 남포동 부산극장 앞에서 부민협 등이 주최한 '고 박종철 군 국민추도회'에 참석, 추도 연설을 하다. 그 과정에서 경찰에 연행되어 범일동 대공분실에 구금되다. 부산지검은 폭력행위 등 처벌에 관한 법률, 집회 및 시위에 관한 법률 위반 혐의로 법원에 하룻밤 새 무려 네 차례에 걸쳐 구속영장을 신청했으나 모두 기각되다.

2월 10일 '고 박종철 군 국민추도회'와 관련해 구금 사흘만에 석방되다.

▲ '고 박종철 군 범국민추도회'와 관련, 노무현에 대한 검찰의 구속영장 기각 소식을 다룬 1987년 2월 10일자 〈경향신문〉 기사.

2월 11일 대한변호사협회가 노무현 변호사에 대한 부산지검의 '영장발부 종용사건'에 대해 '사법권 독립을 유린하는 중대한 사태'라고 규정하다. 이후 부산지방변호사회와 공동으로 진상조사에 착수하다.

4월 19일 부산YMCA에서 '오늘을 어떻게 볼 것인가!'라는 주제로 강연하다.

5월 20일 부산 당감성당에서 열린 '호헌반대 민주헌법쟁취 범국민 운동 부산본부' 발족 식에 참석하여 상임 집행위원장을 맡다.

▶ 국민운동 부산본부 발족식.

5월 21일 부산대학교에서 열린 시국토론회에 재야단체 대표로 참석하다.

6월 5일 대한변협 소속 변호사 74명이 낸 '민주헌법쟁취 국민운동 본부에 참여하면서' 제하 성명에 동참하여 민주화 개헌을 촉구하다.

6월 9일 부산지방변호사회 소속 변호사 24명이 낸 '민주화를 위한 우리의 고언' 제하 성명에 동참하고, 4·13호헌조치 철회와 민주 개헌을 촉구하다.

6월 10일 부산 '박종철 군 고문살인 조작·은폐 규탄 및 호헌철폐 국민대회'의 충무동 로터리 시위 대열 선두에서 '고문살인 은폐 조작 웬 말이냐 군부독재 타도하자'라는 플래카드를 펼쳐 들고 '호헌철폐! 독재타도!'를 외치다. 이날 부산 시내 곳곳에서 자정을 넘겨서까지 동시다발적으로 시위가 이어지다.

6월 11일 부산 '6·10대회'와 관련해 경찰에 연행되다.

6월 18일 연세대학교 학생 이한열 군의 사망에 항의해 부산국본이 정한 '최루탄 추방의 날'에 부산 시민들과 함께 가두시위를 벌이다.

6월 25일 전날 '최루탄 추방의 날' 시위 도중 경찰이 쏜 최루탄을 뒤집어쓴 채 범일고가대로 아래로 추락해 사망한 고 이태춘 씨와 관련하여, 이날 오후 8시 부산국본을 대표해 부산대학교병원에서 실시된 부검에 천주교 부산교구 김두환 신부, 유족 등과 함께 입회하다.

6월 27일 부산 범일성당에서 열린 고 이태춘 씨 장례미사 후 영정을 들고 장례 행렬과 함께 문현동 로터리까지 침묵시위를 벌이다.

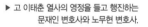

▶ 고 이태춘 열사의 영정을 들고 행진하는 문재인 변호사와 노무현 변호사.

6월 28일 부산 중앙성당에서 열린 '폭력종식과 인권회복을 위한 특별미사' 후 거리행진을 하다가 가톨릭센터 앞 연좌시위에 들어간 시민, 학생 등 5,000명의 제의로 열린 즉석 시국토론회에서 사회를 보다.

6월 29일 노태우 민주정의당 대표가 대통령 직선제 개헌 수용, 양심수 석방 등을 골자로 한 '6·29선언'을 발표한 날, 서울에서 열린 국본 전국 대표자 회의에 참석하다.

7월 9일 이한열 열사 추모 부산노제에 참여하여 부산역 앞에서 연설하다.

▲ 1987년 7월 9일 부산역 광장에서 거행된 '고 이한열 열사 추모집회'에서 연설하는 노무현.

8월 8일 부산 국제상사 노사분규와 관련해 변호사 사무실에서 회사 측 대표와 사상성당에서 농성 중인 노동자 측 대표 간 협상을 중재하다.

8월 23일 대우조선 노동자 이석규 씨 사망에 대해 노조로부터 사체 부검 입회와 진상조사 요청을 받고 거제로 가다. 대우병원 앞에서 대우조선노조 등이 주관한 '이석규 사망 경위보고대회' 대회사를 하다.

8월 24일 오전 11시부터 두 시간 동안 거제 옥포 대우병원에서 진행된 이석규 사체 부검에 입회한 후 대책위와 유가족을 만나 장례와 보상 등을 논의하다.

8월 25일 거제 옥포병원 앞마당에서 열린 규탄대회에 참가하다.

8월 26일 거제 대우조선 노사 협상이 진행되는 가운데 저녁에 부산으로 돌아오다.

9월 2일 거제 대우조선 노사분규 관련 고 이석규 장(례)식 방해와 노동쟁의 조정법상 3자 개입 금지 및 집회 및 시위에 관한 법률 위반 혐의로 구속, 해운대경찰서 유치장에 구금된 데 이어 부산구치소에 수감되다.

9월 7일 대한변협 인권위원회는 부산변호사회 회의실에서 긴급 이사회를 열어 '노무현 변호사 구속사건' 진상조사 결과, 구속 조치가 부당하다고 결론짓고 항의하기로 하다.

9월 23일 오후 4시 30분부터 부산지법 11호 법정에서 열린 부산지법 형사4부(김인수 부장판사)의 구속적부심심사에서 석방이 결정되다. 구속적부심사청구에는 부산지방변호사회 소속 변호사를 비롯하여 91명의 변호인단이 참여했으며, 1988년 2월 판결까지 99명의 변호인단이 참여하다.

▶ 고 이석규 열사 장례식 방해 혐의로 구속된 지 23일만에 석방된 노무현 변호사와 환호하는 국민운동 부산본부 회원들.

9월 24일 오전 10시, 부산구치소에 수감된 지 23일만에 석방되다.

10월 20일 대선에 김영삼-김대중 대통령 후보 단일화를 촉구하는 부산국본과 전남국본 공동성명을 발표하다.

10월 29일 부산지검이 대우조선 노사분규 관련 장(례)식 방해, 노동쟁의 조정법, 집회 및 시위에 관한 법률 위반 혐의로 불구속 기소하다.

11월 6일 법무부에서 거제 대우조선 노사분규와 관련하여 변호사 업무 정지 처분을 내리다.

12월 2일 민주헌법쟁취 국민운동 공정선거감시단 부산본부장으로 위촉되어 부산YMCA에서 열린 발대식과 현판식에 참가하다.

12월 13일 부산대학교 운동장에서 열린 '부정선거 규탄 및 공정선거 감시' 집회에 참석하다.

● **1987년 노동 관련 사건 수임 사례**
- ㈜통일 노동사건 변론(해고무효)
- 한보주택주식회사 노동사건 변론(손해배상: 산재 사고)
- 삼성중공업주식회사 노동사건 변론(손해배상: 산재 사고)

1988년

1월 16일 부산 중앙성당에서 열린 박종철 열사 1주기 추도회에 참석하다.

2월 부산 지역 인권변호사 10여 명과 노동문제연구기관이자 노동조합의 고문변호사제를 도입한 노동문제연구소를 설립, 초대 소장을 맡다.

2월 22일 부산지법 형사3부는 대우조선 노사분규 관련 장(례)식 방해, 노동쟁의 조정법상 3자 개입 금지 및 집회 및 시위에 관한 법률 위반 사건 선고 공판에서 벌금 100만 원을 선고하다. 이후 재판 결과에 불복해 항소하지만, 항소가 기각되다.

4월 9일 통일민주당 동구 지구당 창당대회를 개최하다.